수익 창출의 원리

HARVARD BUSINESS REVIEW ON TOP-LINE GROWTH

Original work copyright © 2005
Harvard Business School Publishing Corporation
All Rights Reserved.

Korean translation copyright © 2009 by Book21 Publishing Group

This Korean edition is published by arrangement with
Harvard Business School Press, Boston through KCC, Seoul.

이 책의 한국어판 저작권은 한국저작권센터(KCC)를 통한
저작권자와의 독점 계약으로 (주)북이십일에 있습니다.
저작권법에 의해 한국 내에서 보호를 받는 저작물이므로 무단전재와 무단복제를 금합니다.

수익 창출의 원리

수익성을 담보한 기업 성장전략

게리 하멜 외 지음
임정재 옮김

21세기북스
www.book21.com

| 발간사 |

시대를 뛰어넘는 현대경영학의 진수

　지금으로부터 100년 전인 1908년은 경영의 역사에서 상당히 의미 있는 해라고 볼 수 있다. 한때 세계 최고의 기업이었지만 지금은 파산 위기에 몰린 미국 자동차 회사 GM이 설립된 해가 1908년이며, 그보다 5년 앞서 설립된 포드가 본격적으로 조립식 생산방식을 도입해 '모델 T'라고 불리는 자동차를 생산하기 시작한 해도 1908년이다. 그러나 무엇보다 주목해야 할 것은 전 세계 경영학 교육의 메카라 불리는 '하버드 비즈니스 스쿨'이 1908년에 설립되었다는 점이다. 물론 최초의 경영학 교육기관은 1881년 설립된 펜실베이니아 대학의 와튼 스쿨이다. 그럼에도 불구하고 우리가 하버드 비즈니스 스쿨에 주목하는 것은 이 대학이 경영학 교육은 물론 실제 기업 경영에 미친 지대한 공헌 때문일 것이다.

실사구시의 전통
　공교롭게도 하버드 비즈니스 스쿨의 시작은 경영학의 출발을 알리는 신호탄이었다. 1636년 설립된, 미국에서 가장 오래된 대학 중 하나였던 하버드가 본격적으로 경영학 교육에 뛰어들었다는 상징성 외에도, 하버드 비즈니스 스쿨은 경영학 교육의 정체성을 확립하는 데 결정적인 역할을 했기 때문이다. 경영학의 역사에서 해묵은 논쟁 중의 하나는 학문의 정체성을 둘러싼 논란이다. '경영학은 과연 과학인가 아니면 기술인가?'

사실 기업의 역사는 경영학의 역사보다 훨씬 길다. 굳이 기업의 역사를 들먹이지 않더라도 화학 산업의 선두주자인 듀폰이 1802년에 설립되었으며, 석유 산업의 원조인 '스탠다드 오일'과 유통 산업의 개척자인 '시어스'는 1870년과 1886년에 이미 설립되었다. 따라서 경영학이 존재하지 않던 시절에도 기업은 경영자에 의해 운영되고 있었다. 그러나 듀폰의 설립으로부터 100년이 훨씬 지난 1911년 프레데릭 테일러라는 한 경영자에 의해 경영학은 과학이라고 하는 역사적인 출발을 알리게 되었다.

미드베일과 베들레헴 철강회사의 엔지니어였던 테일러는 생산 현장에서 쌓았던 자신의 경험과 연구 성과들을 정리해서 1911년에 『과학적 관리법의 원리The principles of scientific management』라는 책을 출간하였다. 이 책이 바로 후대 경영학자들에 의해 테일러가 경영학의 아버지로 칭송되는 결정적인 근거가 되었다. 한 가지 재미있는 사실은 그가 하버드 대학에 합격하고도 시력 악화로 진학을 포기하고 경영자의 길을 걸었다는 점이다. 아무튼 이 책에서 그는 작업에 소요되는 시간과 작업자의 동작에 대한 연구를 통해 하루의 공정한 작업량을 측정하고 이에 근거해서 근로자들을 관리하였다. 즉, 단순한 감이나 오랜 경험과 같은 주먹구구식 방법이 아니라, 과학적 지식을 이용해서 기업 현장의 생산성을 향상시킬 수 있다는 점을 최초로 실증하였던 셈이다.

이로부터 개발된 경영학적 지식들이야말로 바로 이러한 테일러의 사상에 기반을 두고, 과학적인 연구결과와 방법론들을 통해 기업 경영의 효율성을 제고시키는 역할을 해왔다. 이처럼 경영학은 과학적인 지식을 활용해서 기업 현실의 문제를 풀어간다는 의미에서 과학이면서 동시에 기술이라는 양면성을 갖고 있다고 봐야 한다. 하지만 하버드 비즈니스 스쿨이야말로 경영자들이 당면한 기업 현실의 문제를 해결하기 위한 과학적 지식과 방법을 연구하고 전파시키는 경영학 교육 본연의 모습, 즉 원형을 창조하고 발전시킨 기관이라고 할 수 있다. 하버드 비즈니스 스쿨이 경영학 교육에 끼친 지대한 영향은 크게 다음 3가지로 요약할 수 있다. 기업 사례의 개발과 활용, MBA 교육의 시작, 『하버드 비즈니스 리뷰』의 발간 등이다.

기업 사례란 경영자들이 직면한 실제의 경영상황을 설명해주는 자료로, 학생들이 특정 기업이 처해 있는 실제적인 상황을 분석하고 토론하여 최종적인 의사결정을 해봄으로써 경영자들이 실제 경영에서 얻은 것과 유사한 경험을 갖게 하는 데 목적이 있다. 수업 시간에 주어진 사례를 분석하고 토론하는 과정에서 학생들은 단순한 강의로는 얻을 수 없는 경영의 지혜를 스스로 터득할 수 있다. 사실 사례는 오래전부터 의학이나 법학 분야에서 교육목적으로 널리 활용되어왔다. 병원에 있는 실제 환자의 사례 혹은 법정에서의 판례는 실제 의사나 판·검사, 변호사가 되기 이전에 학생들에게 충분한 교육과 연습으로서의 가치를 지닌 교육 자료이자 방법이었다.

하버드 비즈니스 스쿨은 경영학 최초로 1910년부터 강의 외에 학생들에게 토론의 기회를 주는 사례교육을 도입하였다. 뿐만 아니라 기업의 경영자들이 학교에 초빙되어 기업이 당면하고 있는 문제점을 제시하고, 이러한 문제점에 대해 학생들과 토론하는 수업이 진행되었다. 하버드 비즈니스 스쿨에 의해 시작된 사례교육 방법은 경영에 관한 일반적 지식을 다양한 현실에 적용시킬 수 있는 능력을 배양하는 효과적인 방법이었다. 강의식 교육이 교수의 주도적 역할에 의해 일반적인 지식을 학생에게 전수시키는 것이라면, 사례교육 방법은 학생의 적극적 참여에 의해 스스로 깨우치는 것에 초점을 두는 방법이라 할 것이다.

게다가 사례는 허구의 이야기가 아니라 생생한 기업 현장의 스토리였다. 강의실에서 가르치는 지식이 주로 보편적이고 일반적인 지식인 데 반해, 실제 경영 현상은 매우 다양하고 복잡했기 때문에 사례는 이러한 이론과 현실 간의 차이를 메워줄 수 있는 효과적인 수단이었던 셈이다. 지금도 하버드 비즈니스 스쿨은 경영학 모든 분야의 교육용 사례를 개발해서 배포하는 선두 기관으로 자리매김하고 있다. 과학적 지식뿐만 아니라 활발한 사례 개발과 교육을 통해 하버드 비즈니스 스쿨은 실사구시의 학풍을 확고히 정립할 수 있었다.

『하버드 비즈니스 리뷰』의 발간

1921년 하버드 비즈니스 스쿨이 최초로 경영자를 육성하는 MBA 교육을 시작할 무렵, 경영학계에는 2가지 의미 있는 일이 시작되었다. 첫 번째로 당시 신임 돈햄Donham 학장의 전폭적인 후원하에, 앞서 설명한 사례교육이 경영학 교육과정에 확고히 자리 잡기 시작했다. 법학자였던 돈햄 학장은 이미 사례교육에 익숙했고, 경영학에서도 사례교육이 중요하다는 확신을 갖고 사례교육 방법을 전 교과과정에서 채택하도록 노력했다. 이후 사례교육은 미국의 각 대학으로 번져나갔다.

두 번째로 『하버드 비즈니스 리뷰』라는 경영 학술지가 1922년부터 발간되기 시작했다. 『하버드 비즈니스 리뷰』는 여타 학술지와 다른 독특한 특성을 갖고 있었는데, 이는 하버드 비즈니스 스쿨의 실사구시 학풍과도 밀접한 관계가 있었다. 우선 『하버드 비즈니스 리뷰』는 일반적인 학술지와는 달리 철저하게 경영자를 위한 학술지였다. 통상 학술지라고 하면 학자들이 까다로운 기준에 맞춰 연구한 내용을 발표하기 때문에 일반 경영자들보다는 학자나 박사과정 학생들이 즐겨보는 것이 현실이다. 물론 엄밀한 과학성을 추구하는 것은 학술지로서 갖추어야 할 중요한 요건이지만, 학술지들이 너무 지나친 자기검열 기준에 따라 경영학 지식을 다루다보니 경영자들이 쉽게 읽고 이해하는 것이 어렵게 되어버렸다.

하지만 『하버드 비즈니스 리뷰』는 거의 유일하게 창간 이후 지금까지 독창적이면서 혁신적인 경영 아이디어를 다루면서도 결코 경영자들을 실망시키지 않는 풍부한 시사점을 갖춘 경영의 주제들을 담고 있다. 엄격한 학문적인 기준에서는 『하버드 비즈니스 리뷰』는 학술지가 아니라 경영 잡지에 불과하다는 혹독한 비판도 있지만, 기업계는 물론 학계나 기타 컨설팅 업계에서도 『하버드 비즈니스 리뷰』를 인정하는 것은 시대를 관통하는 촌철살인의 문제의식과 독창적인 아이디어를 담고 있기 때문이다. 이제 막 100년을 넘긴 경영학의 역사에서 한 시대를 대표하는 핵심적인 이론과 개념들이 『하버드 비즈니스 리뷰』를 통해 발표되었다는 것은 주목할 만한 일이다.

예컨대 마이클 포터의 산업구조분석 5 forces model, 게리 하멜의 핵심역량 core competence, 마이크 해머의 리엔지니어링 reengineering, 로버트 캐플란의 균형성과표 balanced scorecard 등 경영학의 역사에서 하나의 변곡점을 만들어낸 주요 개념과 이론들이 『하버드 비즈니스 리뷰』를 통해 소개되었다. 뿐만 아니라 20세기 초의 GM, 포드, 듀폰, 코닥, P&G는 물론 20세기 후반 GE, IBM, 인텔, 마이크로소프트, 애플, 구글 등 수많은 성공 기업의 사례도 이 학술지를 통해 전 세계적으로 널리 알려지게 되었다. 어디 그뿐인가? 우리는 『하버드 비즈니스 리뷰』를 통해 피터 드러커, 테오도르 레빗, 로자베스 모스 캔터, C. K. 프라할라드, 잭 웰치, 마이클 델 등 세계적인 석학이나 성공한 경영자의 사상과 경험들을 접할 수도 있다. 전 세계적으로 유명한 학자나 성공한 기업가, 똑똑한 컨설턴트들이 자신의 원고를 『하버드 비즈니스 리뷰』에 게재하고 싶어 안달인 것은 그만큼 이 학술지가 업계에 미치는 엄청난 영향력을 잘 알고 있기 때문이다.

그 동안 『하버드 비즈니스 리뷰』는 시대를 앞선 트랜드와 시대를 넘어서는 고전이라는 두 마리 토끼를 동시에 잡아왔다. 이 학술지에 실린 글들 중 상당수는 당시의 트랜드를 잘 반영하고 있지만, 그렇다고 해서 이 글들이 일시적인 유행에만 머문 것이 아니라 시대를 관통하는 경영학의 고전들이 되었다. 마이클 포터의 산업구조분석에 대한 연구가 없었다면 경영자들은 아직도 산업 내에서 벌어지는 기업 간 경쟁에 대해서 체계적으로 대응할 수 없었을 것이다. 마이크 해머의 리엔지니어링 개념이 소개되지 않았다면, 아마도 많은 경영자들이 기업 내 다양한 프로세스의 중요성을 인식하지 못했을 것이고, 여전히 고객들은 다양한 부서들의 틈바구니에서 불편함을 겪었을 것이다. 드한 로버트 캐플란이 균형성과표를 소개하지 않았다면, 경영자들은 아직도 단기적인 재무 성과지표들에만 집착한 나머지 장기적인 관점에서 기업의 성과에 영향을 미치는 고객이나 내부 프로세스, 종업원 등에 대한 성과 측정과 개선이 이루어지지 않았을 것이다.

현대 경영학의 결정판

이런 관점에서 이번에 21세기북스에서 발간되는 '하버드 비즈니스 클래식'은 지난 100년간 발전되어온 현대 경영학의 진수를 제대로 살펴볼 수 있는 좋은 기회라고 생각된다. 1990년대 말부터 『하버드 비즈니스 리뷰』에서는 학술지에 실렸던 우수한 논문이나 기고문 중에서 시대를 넘어서는 글들을 엄선해서 주제별 단행본을 출간하고 있다. 예컨대 변화관리, 리더십, 브랜드 관리, 윤리 경영 등 다양한 주제별로 『하버드 비즈니스 리뷰』에 발표되었던 주옥같은 글들을 묶어서 정리하는 방식이다. 즉, 시대별로 발간되는 『하버드 비즈니스 리뷰』를 주제별로 묶어서 재발간하는 셈이다. 이 단행본들을 이번에 21세기북스에서 '하버드 비즈니스 클래식'이라는 제목으로 소개하게 된 것이다.

하버드 비즈니스 클래식은 다음과 같은 3가지 측면에서 경영자들이나 학생들에게 큰 도움을 줄 수 있다고 생각한다. 첫째, 다양성이다. 각각의 단행본들이 다루고 있는 주제들에 대한 다양한 시각을 살펴볼 수 있다. 굉장히 복잡한 경영의 이슈들을 하나의 이론이나 주장으로 이해한다는 것은 애초부터 불가능한 일이었을 것이다. 예컨대 기업의 영원한 숙제인 '성장 전략'만 하더라도 한두 개의 이론이나 사례로 해결할 수 있는 이슈가 아니다. 기업이 성장하기 위해서는 기존 사업을 혁신시킬 수도 있고, 다른 기업을 인수합병할 수도 있다. 마찬가지로 신규 사업으로 다각화할 수도 있고 파트너들과의 전략적 제휴를 활용할 수도 있다. 하버드 비즈니스 클래식은 성장 전략에 대해 유일무이한 하나의 해답을 제공하려고 애쓰지 않고, 각기 다른 시각에서 연구되어온 다양한 시각을 제공한다. 그리고 마치 토론을 통해 스스로 해답을 찾아가는 사례교육 방법처럼, 다양한 시각을 담은 글 속에서 독자들 스스로 깨달음을 얻도록 유도하고 있다.

둘째, 연계성이다. 각 단행본들이 담고 있는 글들은 다루는 주제에 대한 다양한 시각을 담고 있지만, 이 글들이 따로 노는 것이 아니라 하나의 주제에 맞게 서로 연결된다는 점이다. 예컨대 '변화관리'의 경우 총 8개의 논문으로 구성되어 있는데, 첫 번째 논문이 변화의 8단계를 설명했다면, 다른 논문은 경영자들이 8단계 모델에 따라 변화를 주도할 때 고려해야 하는 비전, 리더십, 저항, 프로그램 등의 주제를 각기 다루고 있다. 따라서 독자들은 성공적인 변화관리에 위한 다양한 주제들을 읽으면서도, 이들 서로 다른 논문들을 통해 변화관리를 성공하기 위한 공통점이나 보완점들을 발견할 수 있다. 다양한 논문들은 각기 다른 시각을 제공하지만, 이들 관점들이 하나의 체계를 갖추고 있기 때문에 독자들이 일독을 끝냈을 무렵에는 머릿속에 주제와 관련된 큰 그림이 그려지는 셈이다.

셋째, 실용성이다. 책에 담긴 논문들은 연구를 위한 연구, 소수 학자들을 위한 현학적 수사를 배제한 철저하게 실무적인 이슈와 시사점들을 다루고 있다. 이미 언급한 것처럼 『하버드 비즈니스 리뷰』는 창간 때부터 경영자를 위한 학술지라는 독특한 위치를 고수했다. 아무리 이론이 훌륭하더라도 실제 기업 경영에 대한 시사점이 부족하고 경영자들이 이해하기 힘든 개념이나 숫자들로 채워져 있다면 결코 『하버드 비즈니스 리뷰』에 소개되기 어렵다. 따라서 『하버드 비즈니스 리뷰』에 실린 글들은 저마다 다양한 주제를 다루고 있지만, 실제 기업 경영에 미치는 영향력이라는 공통적인 잣대를 기준으로 평가되고 있다. 경영자들에게 큰 영향력을 미친 논문이 우수한 논문인 셈이다. 예컨대 마케팅에 관한 책을 보면 브랜드, 가격전쟁, 웹 마케팅, 마케팅 실험 등 철저하게 기업의 성과와 직결되는 실천적인 마케팅 주제들을 다루고 있다.

최근에도 기업을 둘러싼 환경은 끊임없이 변하고 있다. 따라서 기업 경영을 주제로 다루고 있는 경영학도 예외는 아닐 것이다. 20세기 기업 경영에 도움이 되었던 경영학의 제반 지식이 21세기에도 그대로 적용되리라는 보장은 없다. 그러나 온고이지신이라고 했던가? 전통적인 것이나 새로운 것 어느 한쪽에만 치우치지 않아야 한다는 논어의 가르침처럼, 21세기를 위한 새로운 경영을 만들어나감에 있어 20세기 경영학의 핵심이라고 할 수 있는 하버드 비즈니스 클래식에 담긴 주옥같은 글들은 분명 독자들에게 결정적인 도움이 될 것이다.

이동현
〈하버드비즈니스클래식〉 기획위원
가톨릭대학교 경영학부 교수

| 저자 소개 |

게리 하멜 Gary Hamel은 현대 경영자들에게 가장 큰 영향력을 끼친 경영의 구루로서 현재 런던 경영대학원 교수로 재직하고 있다. 컨설팅 업체인 스트라티고스를 설립한 그는 세계적인 경영 컨설턴트로 전략혁신 이론의 대가로 꼽힌다. 그의 첫 저서인 『코어 컴피턴스 경영혁명』에서 제시한 '핵심역량'과 '전략적 의도' 등의 용어는 경영학계에서 중요한 키워드가 되었다. 두 번째 저서인 『꿀벌과 게릴라』는 핵심전략, 전략적 자원, 고객과의 접점, 가치 네트워크 등의 4가지 핵심요소를 다룬 비즈니스 모델을 제시하며, 경영자들에게 '더 빠르고 더 우수하고 더 싸게'라는 전통적인 사고방식에서 벗어나라고 주문한다. 2008년 『월스트리트 저널』 선정 세계 경영 대가 1위로 선정됐다.

김위찬 W. Chan Kim은 인시아드의 전략 및 국제경영학 석좌교수로 유럽을 대표하는 경영학계의 구루로 꼽히고 있다. 그가 창안한 가치 혁신 이론은 2000년대 초 새로운 기업경영 전략으로 부상했으며 현재 석유회사인 셸오일을 비롯해 노르위치, 물리넥스 등 세계 30여 개 기업들이 미래 전략으로 도입해 실시하고 있다. 르네 마보안과 함께 저술한 『블루오션 전략』은 『월스트리트저널』 베스트셀러로 선정되었으며, 출간 1개월 만에 전미 베스트셀러에 올랐다.

르네 마보안 Renée Mauborgne은 프랑스 인시아드 경영대학원에서 전략 및 경영학을 가르치고 있다. '교수'라는 직함보다 세계적인 베스트셀러 『블루오션 전략』의 저자로 더 유명하다. 그녀는 다보스포럼의 운영위원으로서 세계 지도자들을 상대로 블루오션 전략을 전파해왔으며, 백악관 경제정책 자문위원으로도 활동했다. 1980년대 초반 미국 미시건 대학 경영대학원에서 김위찬 교수와 인연을 맺은 뒤 1990년대 중반 프랑스 인시아드 경영대학원에서 함께 가치 혁신 이론과 블루오션 전략을 창시했다. 그녀는 김위찬과의 관계를 노송과 버섯으로 묘사하며 학문적 동지로서의 신뢰를 표현했다.

제프리 다이어 Jeffrey H. Dyer는 와튼 경영대학원 교수를 거쳐 현재 브리감영 경영대학원의 글로벌 전략 교수이다. 베인앤컴퍼니의 컨설턴트로서 모토로라, 포드, 백스터 인터내셔널, 뱅앤울프슨 등의 기업들과 일하기도 했다.

게리 게츠 Gary Getz는 게리 하멜이 설립한 컨설팅회사 스트라티고스의 전무로, 25년간 다양한 산업 분야의 회사를 상대로 마케팅 전략 수립 및 컨설팅 업무를 해왔다. 스트라티고스에 합류하기 전에는 성장전략 전문 컨설팅회사인 인테그랄의 경영이사를 역임했다. 프린스턴 대학에서 화학공학을 전공하고 하버드 대학에서 MBA를 취득했다.

란제이 굴라티 Ranjay Gulati는 노스웨스턴 경영대학의 경영대학원 교수를 역임하고 현재 하버드 경영대학원의 교수로 재직 중이다. 기업 전략 및 조직 전문가로서 『하버드 비즈니스 리뷰』 『미국 사회학 저널』 『아카데미 오브 매니지먼트』와 같은 유수 저널에 연구 결과를 기고하고 있다.

하비어 싱 Harbir Singh은 인도 델리 공과대학에서 기술공학 학사와 아흐메다바드 경영대학에서 석사학위를, 미국 미시건 대학에서 박사학위를 받았다. 현재 와튼 경영대학원 교수이다.

브라이언 존슨 Brian A. Johnson은 샌포드 번스타인 증권사의 리서치 분석가이자 액센츄어의 전임 파트너로 활동했다.

프라샨트 케일 Prashant Kale은 와튼 경영대학원에서 석사, 박사 학위를 취득한 후 현재 미시건 대학 경영대학원에서 기업 전략 및 국제 비즈니스의 조교수로 재임 중이다.

V. 쿠마르V. Kumar는 인도 공과대학에서 공학 학사를, 동 대학원에서 산업경영 석사를 취득한 후 텍사스 주립대학에서 마케팅 분야 박사학위를 받았다. 현재 코네티컷 경영대학원 교수이자 ING파이낸셜 서비스의 이사직을 맡고 있다.

제프리 무어 Geoffrey A. Moore는 스탠퍼드 대학 영문학 박사로 올리베트 대학 교수를 역임했고, 현재 첨단기술업 컨설팅회사인 캐즘 그룹의 회장이다. 미국 첨단기술 업계에서 최고의 저자이자 명 강연자로 인기를 누리고 있는 그는 자신의 저서 『캐즘마케팅』에서 시장의 변화 단계에 따라 마케팅 전략 자체를 순차적으로 포기하고 상반되는 전략을 과감하게 선택해야 한다고 주장한다. 제프리 무어는 IBM · 애플 · HP · 오라클 · 선 마이크로시스템즈 등 미국 초일류 기업들의 경영자문과 단골 강연자로 인기를 얻고 있다. 특히 실리콘밸리 인재들의 양성소인 스탠퍼드 대학에서는 첨단기술 업계에서 가장 영향력 있는 인물 1위로 그를 선정하기도 했다.

베르너 라인알츠 Werner Reinartz는 뮌헨 기술대학에서 농업경제학 석사학위, 영국 헨리 경영대학에서 MBA를 취득한 후 휴스턴 대학에서 마케팅 분야 박사학위를 받았다. 그는 코라 그룹, IBM과 같은 세계적 기업들의 CRM과 DRM을 컨설팅했다. 현재 인시아드 경영대학원의 부교수이다.

재클린 토머스 Jacquelyn S. Thomas는 노스웨스턴 대학에서 수학을 공부하고 동 대학원에서 마케팅 석사와 마케팅 박사과정을 이수했다. 스탠퍼드 경영대학원과 에모리 경영대학원 교수를 역임했으며, 현재 노스웨스턴 대학에서 IMC 분야의 부교수로 재직 중이다.

폴 헴프 Paul Hemp는 『하버드 비즈니스 리뷰』의 선임 편집자이다.

R. 티모시 브린R. Timothy S. Breene은 글로벌 경영 컨설팅회사인 액센츄어의 최고 전략책임자로 기업의 성장 및 전략 부분을 담당하고 있다. 과거, 경영 컨설팅회사의 CEO이자 전략 및 기업 개발 책임자로도 일했다. 1995년 액센츄어에 합류하기 전에는 유럽의 선도적인 소매 회사인 킹피셔에서 회사의 전략적 개발 계획, 인수, 매각 및 합작 사업을 책임지는 이사회의 책임자로 재직했다. 그 전에는 세계 제1의 위스키 회사인 유나이티드 디스틸러스의 마케팅 이사직을 맡았다. 터키 출신으로 1970년에 더블린 트리니티 대학을 졸업했다.

폴 눈스 Paul F. Nunes는 액센츄어의 고성과High Performance 비즈니스 연구소 소속 전문 연구위원이다. 새로운 시장과 변화하는 소비자 행동, 채널의 가변적인 속성을 주요 연구 주제로 다루고 있다. 또한 마케팅과 전자상거래를 주제로 한 논문들을 『하버드 비즈니스 리뷰』를 비롯해 액센츄어의 간행물 「아웃룩」에 기고하고 있으며, 브라이언 존슨과 함께 『대중적 부유층: 현대 소비자에 대한 7가지 마케팅 법칙mass affluent : 7 New Rules of Marketing to Today's Consumers』을 집필하기도 했다. 노스웨스턴 대학에서 컴퓨터 공학 학사를, 노스웨스턴 켈로그 경영대학원에서 경영학 석사학위를 받았다.

차례 | 수익 창출의 원리

발간사 ··· 4

저자 소개 ··· 12

1 CHAPTER 수익 창출의 리더십 ························ 19
폴 헴프

2 CHAPTER 탁월한 매출성장을 유지하는 방법 ········ 45
게리 하멜, 게리 게츠
당신의 혁신가들을 자유롭게 하라 | 외부를 살펴라 | 급진적이 되라 | 새로운 아이디어의 잠재력을 실험하라 | 목표를 향해 끈질기게 노력하라

3 CHAPTER 혁신의 8가지 유형에 따른 수익성 평가 ········ 71
제프리 무어
시장 발전 주기 | 전체 그림 보기 | 타성과의 싸움 | 악마를 물리치기

4 CHAPTER 새로운 수익원, '대중적 부유층'의 등장 ········ 89
폴 눈스, 브라이언 존슨, R. 티모시 브린
매스마켓의 새로운 형태 | 재포지셔닝과 새로운 중간 지대 | 대중적 부유층을 위한 제품의 재설계 | 새로운 틈새시장으로 다가가기 | 파급 효과

5 CHAPTER 수익에 유리한 제휴·합병의 기술 ·········· 119
제프리 다이어, 프라샨트 케일, 하비어 싱
자원과 시너지 | 시장 요인들 | 협력 역량 | 인수를 통한 시스코 성장 사례

6 CHAPTER 수익성 높은 고객을 획득·유지하는 방법 ·········· 141
재클린 토머스, 베르너 라인알츠, V. 쿠마르
수익성 있는 고객과 수익성 없는 고객 | 수익을 위해 자원을 할당하기 | 우리가 찾아낸 것

7 CHAPTER CEO는 성장 의제를 어떻게 관리하는가 ·········· 165
란제이 굴라티
케네스 프리먼 | 조지 놀렌 | 존 타이슨 | 케네스 루이스 | 로버트 그리필드

8 CHAPTER 매출과 수익을 모두 실현하는 전략적 사고 ·········· 191
김위찬, 르네 마보안
전통적인 전략 vs. 가치 혁신 전략 | 새로운 가치 곡선 만들기 | 경쟁과 모방 필요성의 함정 | 3가지 기반 | 기업의 고성장 추구

출처 및 주석 ·········· 221

1

수익 창출의 리더십

폴 헴프
Paul Hemp

고성장은 물론 모든 기업가들이 바라는 일이지만 그 상태를 잘 관리하기란 여간 어려운 일이 아니다. 대규모 제약회사 암젠의 CEO 케빈 쉐어는 이번 인터뷰에서 기업이 순조롭게 운영되는 와중에도 경영자가 직면하게 되는 특별한 도전에 대해 이야기한다. 월드컴 MCI에서 마케팅 총괄 책임자를 역임했고, GE의 사업부문 사장이자 잭 웰치의 보좌역을 지냈던 케빈 쉐어는 지난날의 실수를 고백하면서 이를 통해 얻을 수 있었던 혜안을 제시한다.

"나는 조직의 변화를 시도하기 전에 먼저 기업 내부에서 신뢰와 지지를 얻어야 한다는 것을 어렵게 깨달았습니다. 만약 변화가 단순히 개인의 능력이나 지위, 뛰어난 판단력 등으로 밀어붙여서 이루어질 수 있다고 믿는다면 당신은 처음부터 다시 생각해야 할 것입니다." 암젠의 변화는 케빈 쉐어의 이러한 리더십에서 시작되었다. 암젠은 경영진을 철저히 분석했고, 기업문화를 스스로 바꿨으며, 엄청난 수익이 예상되는 2개의 제품을 새롭게 출시했다.

변화를 예측하기 어려운 비즈니스 환경을 CEO는 어떻게 극복해야 하는가? 암젠은 괄목할 만한 성장을 실현했다. 암젠의 매출은 4년 전의 30억 달러에서 100억 달러 정도로 성장했다. 수익은 10억 달러에서 30억 달러로 성장했다. 하지만 시장은 때때로 암젠의 성장을 보상해주지 않았다. 신제품 출시는 성공적이었지만 반면에 경쟁은 더욱 치열해졌다. 케빈 쉐어는 치열한 경쟁으로 인해 새로운 자세를 가지게 되었다고 말한다. 그의 집무실 중앙에는 제너럴 커스터 장군의 초상이 걸려 있다. 그는 그 그림을 볼 때마다 '경쟁사들을 과소평가하지 마시오. 모든 것을 잃게 될 수도 있습니다'라는 말을 상기하게 된다고 한다. 또 그 그림은 '리더의 행동은 부하들에게 파괴적인 영향을 미칠 수 있다'라는 메시지를 전달한다고 한다. 『하버드 비즈니스 리뷰』 선임 편집자인 폴 헴프와의 대화에서 그는 '리더의 행동'은 고성장을 요구하는 환경에 맞춰져야 한다고 말한다.

Q: 성장을 추진하는 과정에서 예기치 않게 배운 교훈은 무엇입니까?

1989년 GE를 퇴직하고 마케팅 영업책임자로 MCI에 합류했을 때, 나는 소중한 교훈을 배웠습니다. 당시 MCI는 급성장하고 있었습니다. 장거리 통신사업과 관련된 지식이나 경험이 많지 않았는데도 나는 매우 자신감이 넘쳐 있었습니다. 사실 마음속으로는 'MCI는 GE의 가장 젊은 부회장인 나를 스카우트한 것이잖아. MCI처럼 운 좋은 기업도 없지'라고 생각했습니다.

얼마 지나지 않아 나는 CEO인 버트 로버츠에게 MCI는 비즈니스에 대해 잘못된 개념을 가지고 있다고 마치 선언하듯이 말했습니다. 그리고 지리적인 조건보다는 유연한 시장에 의해 비즈니스를 관리해야 한다고 말했습니다. 내가 제시한 의견은 대부분 받아들여지고 실행되었습니다.

조직에 변화는 가져왔지만 그것이 그리 중요하지 않다는 것을 깨달았습니다. 나는 곧 난처한 입장에 처하게 되었습니다. GE에서는 신임 고위경영자가 사업 강화를 목표로 신속하고 대대적인 변화를 이루어내기를 기대합니다. 나는 이러한 생각을 가지고 MCI로 왔습니다. 그런데 GE

와는 달리 MCI는 변화를 서두르지 않았습니다.

성급하게 변화를 추진한 결과, 나와 협력해야 할 사업부문 경영자들은 나를 동맹군으로 대하기보다는 적으로 대했습니다. 그들은 내가 나만의 이익을 위해 일한다고 생각했습니다. 하지만 나는 내가 옳다고 믿었습니다. 사실 MCI에 최고의 이익을 가져오기 위해 추진한 일이었으니까요. 뭔가 잘못되었다는 것을 알아차리는 데는 무려 1년이 걸렸습니다. 마침내 버트 로버츠 회장이 나를 집무실로 부르더군요. "케빈! 각 사업부문 사장들은 당신이 너무 지나치다고 하는군요. 마치 당신이 그들 모두가 업무를 그만두어야 한다는 듯이 혼자서 애를 쓰고 있다는군요."

당시 MCI는 월드컴과의 인수합병 전이라 마치 AT&T를 앞지르기 위해 질주하는 폭주족과도 같았습니다. 사실 AT&T와 같은 거대 기업을 인수하려면 모두가 힘을 모아 일사분란하게 움직여야 합니다. 그런데 폭주족 멤버들끼리 싸울 경우, 대형 사고를 불러올 수도 있는 위험이 따르게 됩니다. 그 일로 나는 중요한 교훈을 얻었습니다. 조직에 변화를 시도하기 전에 먼저 조직 내부에서 신뢰와 지지를 얻어야 한다는 사실입니다. 단순히 개인의 능력이나 지위, 뛰어난 판단력 등으로 밀어붙인다고 해서 조직에 변화가 오는 것은 아닙니다.

Q: 그렇다면 암젠에 회장 후임자로 부임했을 때 무엇을 변화시키고 싶었습니까? 사실 외부에서 스카우트되는 일은 흔치 않습니다.

그렇습니다. 나는 장거리 이동통신 사업부문에서 일하다가 암젠에 스카우트되었습니다. 『월스트리트저널』은 내가 암젠으로 옮긴 것을 펩시 사장이었던 존 스컬리가 애플로 옮긴 것과 비교했습니다. 사실 당시 CEO였던 고든 바인더가 열린 사고를 가진 분이 아니었다면 이런 일은 일어나지 않았을 것입니다. 그는 과학자들이 모여 있는 기업에서 CFO를 역임한 적이 있습니다. 그래서 자신의 비즈니스 성향과 비슷한 후임자를 원했던 것이라고 생각합니다. 그는 내가 판매, 마케팅, 제조 및 엔지니어링 분야에 변화를 가져올 것이라고 생각했습니다. 추측하기로 만일 내가 후임자로 적절하지 않다는 판단이 들면 다른 사람을 찾을 수 있도록 충분한 시간적 여유를 남겨두었을 겁니다.

1992년, 내가 암젠에 왔을 때 이미 암젠은 제약업계에서 엄청난 성공을 누리고 있었습니다. 직원은 2,000명 정도였고, 매출은 10억 달러가 조금 넘었으니까요. 그런데 제약업은 내게 매우 생소한 부문이었습니다. 약품에 관련된 지식이라고는 9학년 생물시간에 배운 것이 전부였으니까요.

나는 생명공학 사업을 기초부터 배워야 했습니다. 나는 배움에 대한 열정에 사로잡혀 회의에서 경영진의 의견을 세심히 경청했고, 영업 관계자들과도 자주 접촉했습니다. 또한 연구원인 진 메들록을 찾아가 생물학을 가르쳐달라고 요청했습니다. 그러자 그가 내게 필요한 책을 주더군요. 그러고는 사무실에서 흑판에 판서까지 해가면서 틈틈이 나를 가르쳤습니다. 7년 후 나는 암젠의 CEO가 되기 때문에 제약부문에 대해 훤히 알아야 했습니다. 6개월간 나는 거의 회사의 실험실에서 시간을 보냈고, 맥킨지 출신의 생물학 박사에게 개인교습을 받으며 다른 제약업과 생명공학 기업의 연구책임자들을 찾아갔습니다.

MCI에서 감정을 억제하는 경험을 쌓지 않았더라면 어쩌면 암젠에서 실패했을지도 모릅니다. 나는 먼저 암젠의 모든 상황을 자세하게 파악하고 난 다음, 그에 맞는 변화를 시도했습니다. CEO가 되었을 때는 일부 직원들이 조직 내부의 인수합병처럼 보인다고 불만을 토로할 정도로 충분한 변화를 실현했습니다.

Q: 당신은 CEO 자리에 자연스럽게 오르면서 암젠을 상당히 많이 흔들어놓았습니다. 모든 직원이 이를 긍정적으로 받아들이지는 않았을 것입니다.

암젠이 성장의 다음 단계로 올라서기 위해서는 몇 가지 뿌리 깊은 편견을 극복해야 했습니다. 암젠이 처음으로 출시한 2개의 제품인 에포젠과 뉴포젠은 엄청난 성공을 거두었습니다. 이미 시장에서 독점적인 제품을 가지고 있었으므로 당시 암젠은 마케팅의 필요성을 가볍게 여기는 경향이 있었습니다. 마케팅에 소요되는 비용이 암젠의 과학기반 연구비와 제품개발 예산에 위협이 된다고 생각하는 일부 직원들도 있었습니다. 이는 '위대한 과학이 필요한 것을 모두 제공할 것이다'와 같은 주문에 빠져 있는 것과 같았습니다.

그러나 마케팅은 중요합니다. 기업이 세계 최고의 약품을 생산한다 하더라도 그 약을 알고 처방해줄 의사가 없다거나, 의사가 그 약을 처방하도록 돈을 지불해줄 보험회사를 잡을 수 없다면 그 기업은 심각한 곤란에 빠지게 됩니다. 이 문제를 해결하기 위해서는 회사밖으로 눈을 돌릴 필요가 있습니다. 전 세계 생물학자들 중 0.01퍼센트만이 암젠에 있습니다. 하지만 나머지 99.99퍼센트의 생물학자들 역시 우리처럼 질병에 대해서 고민하고 연구하며 새로운 아이디어로 제품을 만들어내고 있습니다.

또 다른 문제도 있습니다. 우리의 2개 제품인 에포젠과 뉴포젠은 사실상 시장을 독점하고 있습니다. 그러나 새로 출시한 제품들은 시장에서 존슨앤드존슨이나 애보트 등의 기업들과 치열한 경쟁을 벌여야만 합니다. 따라서 몇 가지 변화가 절실하게 필요했습니다.

사실 아무런 근거 없이 변화를 시도한 것은 아닙니다. 1999년 12월, 고든 바인더는 이듬해에 내가 CEO로 승진한다는 발표를 했습니다. 나는 각각의 부서에서 일하는 150명의 직원들에게 1시간 미팅을 요청했습니다.

직원 한 사람당 1시간씩이니 150시간의 미팅을 제안한 셈이죠. 대화에 앞서 나는 모두에게 5가지 질문에 대한 답변을 작성해달라고 했습니다.

- 변화를 이루고 싶다고 생각하는 3가지는 무엇인가?
- 고수하고 싶은 3가지는 무엇인가?
- 앞으로 CEO가 무엇을 추진할 것이라고 생각하는가? 만일 그것이 추진된다면 우려되는 부분이 있는가? 있다면 그것은 무엇인가?
- 당신은 CEO가 무엇을 하기를 바라는가?
- 가장 말하고 싶은 것은 무엇인가?

나는 그들이 하는 말을 1시간씩 경청했습니다. 많은 직원들이 성실하게 답변 내용을 적어서 왔고, 그렇지 못한 경우에는 내가 적었습니다. 나는 모든 답변을 정리해서 일람표를 만들었습니다. 그리고 내용을 요약해 그것을 회사에 전달했습니다. 직원들의 요구에 힘입어 나는 권한을 가지고 할 수 있는 모든 것들을 실행했습니다. 우리는 회사의 현실을 공유하면서 몇 가지 목표를 중심으로 정렬해나가기 시작했습니다. 그것은 CEO가 되고 나서 수행한 일 중 가장 중요하고 소중한 경험이었습니다.

Q: 그 후 어떤 일이 일어났습니까?

짧은 시간에 우리는 성장의 여러 단계를 거쳤습니다. 1단계는 신제품을 출시할 경영 팀을 구조조정하고, 사내 문화를 바꾸는 일이었습니다. 우리는 이뮤넥스와 인기 제품인 엔브렐을 인수합병했고, 신제품인 아라네스프와 뉴래스타를 출시했습니다. 이 3가지 제품의 생산과 마케팅을 가속화하기 위해 직원을 채용하고 지사를 확장하면서 비로소 초고속 성장이라고 말할 수 있는 단계에 들어섰습니다.

성장을 지속시키는 일도 매우 중요하기 때문에 성장속도를 조절해야 했는데, 이는 여간 어려운 일이 아니었습니다. 지난해 우리는 성장다운 성장을 하지 못했습니다. 추진했던 결제 시스템을 100퍼센트 전산화하지 못했기 때문입니다. 금년도에는 시스템을 모두 전산화해서 주문량이 20퍼센트 성장할 것으로 기대되지만, 사실 우리는 상승속도가 더 빨라지기를 기대하고 있습니다. 지금은 강화의 시기이기 때문입니다.

오늘 아침, 나는 한 사업부문의 책임자와 함께 그가 담당한 사업부문이 다음 단계로 올라서는 문제에 대해 논의했습니다. 현재 그에게는 목표를 달성할 능력 있는 사람들이 모두 있기 때문에 현재보다 50퍼센트 높은 성장을 기대할 수 있었습니다. 우리는 이를 지원하기 위해 적절한 조직구조와 경영기술을 가지고 있는지에 대해 다시 논의했습니다. 지난해에는 이 같은 논의를 할 시간이 전혀 없었기 때문이죠.

Q: 정신없이 돌아가는 기업 환경에서는 리더십을 발휘하기가 쉽지 않습니다. 당신은 이에 대한 어떤 접근방법을 가지고 있습니까?

CEO는 자유롭게 사고를 전환할 수 있어야 합니다. 그들은 기업의 사명과 전략에 따라 목표를 정하고, 직원들이 그 목표를 이해하고 신뢰하도록 해야 합니다. 그리고 항상 목표에 부합하는 의사결정을 내려야 합니다. 또한 CEO는 각 사업부문의 운영 상황을 자세히 알고 있어야 합니다. 가장 최근에 생산한 제품이 무엇인지, 특수한 제품의 경우 재고는 얼마나 남아 있는지, 제품의 판매는 원활히 이루어지고 있는지에 대해 알아야 합니다. '이번 분기에는 몇 명의 화학자를 채용해야 하는가?' '전도유망한 신약을 가지고 있는 생명공학 기업인 우리에게 시장은 어떤 보

상을 해줄 것인가?' '신제품을 시장에 출시하는 부서는 여전히 그에 걸맞은 능력을 가지고 있는가?'

  CEO는 모든 사업부문의 업무를 유연하게 조절하고 독려해야 합니다. 잭 웰치는 이러한 능력이 탁월했습니다. 몇 가지 차원의 업무를 동시에 그것도 신속하게 처리했으니까요. 처음에 나는 그의 보좌역으로, 나중에는 사업부문 총괄 책임자로 일하면서 많은 것을 배웠습니다. 몇 주에 걸쳐 프리젠테이션을 준비한 사람이라도 전혀 준비를 하지 않은 잭 웰치 앞에서 프리젠테이션을 할 경우, 30분만 지나면 그의 날카로운 질문에 속수무책이 되는 것을 나는 수도 없이 봤습니다.

  CEO들은 대체로 편안한 생각에 이끌리는 편입니다. 어찌 보면 자연스러운 것이죠. 하지만 항상 높은 차원의 생각을 밀어붙이는 CEO도 있을 것입니다. '기업의 전략과 비전에 관한 한 전부 내가 책임질 것이다.' 이와는 달리 '호텔에 비치하는 커튼은 내가 직접 고를 것이다.' 이런 사소함을 즐기는 CEO도 있을 것입니다. 사고의 차원에서 경중을 따질 필요는 없습니다. 2가지 모두 중요하기 때문입니다. 하지만 다수의 CEO가 2가지 모두 다 잘하지는 못합니다. 특정한 것에 집중하기를 즐기기 때문인데, 이를 유연하게 전환할 필요는 있다고 생각합니다.

Q: 당신은 어떤 차원을 선호하는 편입니까?

  나는 문제를 상세하게 파고드는 편입니다. 해군에 근무할 때 핵잠수함 프로그램을 다룬 적이 있습니다. 릭 오버 장군 밑에서 장교생활을 할 때였는데, 군 지휘부는 젊은 장교들이 잠수함에 관한 모든 것에 통달해야 한다고 생각했습니다. 몇 가지 부품이 문제를 일으켜 잠수함이 고장 나면, 젊은 장교는 그 부품의 결함을 비롯해 전자회로까지도 철저하게 알고 있어야 했습니다. 드라이버를 들고 직접 고치지는 않았지만, 시스템에 대해서는 종합적으로 상세히 알고 있어야 했습니다.

군 생활에서 얻은 습관 때문에 사회에서는 적지 않은 곤란함을 겪었습니다. 스스로 잠수함 모드에 사로잡혀서는 문제에 너무 깊게 파고들거나 전문가들의 조언을 무시하고 일체의 논의를 하지 못하게 했으니까요. 당시에는 나만이 모든 문제를 해결할 수 있다고 생각했던 것 같습니다. 결국 그 대가를 톡톡히 치르게 되는 사건이 터졌습니다. 직원들이 상업적으로 충분하지 못하다고 평가한 제품을 서둘러 출시한 것입니다. 결과는 참패였습니다.

하나의 차원에 지나치게 시간을 빼앗기지 않도록 해야 합니다. 주요 사업부문의 운영 상태를 정기적으로 상세히 검토하면, 재무적인 상황에 대해 보다 잘 파악할 수 있게 되고 그만큼 책임감도 커지게 됩니다. 하지만 각 사업부문의 미팅에 지나치게 자주 참석하거나 간섭하지 않도록 해야 합니다. 이 점을 조심하지 않으면 직원들이 다음번에 브리핑할 준비만 열심히 하게 되는 아이러니한 상황이 벌어질 수 있습니다.

아무튼 여러 가지 업무에 모두 마음이 끌리는 것은 사실입니다. 대체로 나는 그중 장기적인 전략이나 대안을 세우는 데 시간을 소요하는 편입니다. 그렇다고 나를 몽상가로 생각하지는 마십시오. 암젠의 재정적 자원이 여러 가지 전략 면에서 자유롭기 때문에 나는 장기적인 전략을 세우고, 그것에 대해 고민하고 다루기를 좋아합니다. 그러기 위해 가끔은 안전지대를 벗어나기도 합니다. 1년에 2~3차례 큰 계획을 세우고 구체적인 실천 방향을 정하지만, 극적인 변화와 성과가 예측되지 않으면 그것을 포기하는 것으로 결정해왔습니다. 위험한 계획이 조직을 해체할 수 있으니까요. 직원들은 '케빈 회장이 다음 단계에 어떤 아이디어를 내놓을 것인가?' 하고 궁금해합니다.

CEO는 전략을 고민할 때 변화의 가능성까지 생각합니다. 그런데 지나치게 전략에 몰입하다 보면 변화의 가능성을 확신하지 않은 채 결정을 내리게 되는 수가 있습니다. 이를 막기 위해서는 느슨하게 관조하는 자세를 가져보는 것도 좋습니다. 전략회의에는 계획에 적합하고 꼭 필요한 비교적 적은 수의 직원들이 참석하는 것이 좋습니다.

Q: 여러 업무에 관한 결정을 한 번에 내렸던 적이 있습니까?

이틀 전에 나는 고위경영진 10명이 2주에 한 번씩 모이는 경영위원회 미팅을 가졌습니다. 우리는 여러 가지 문제에 대해 논의했습니다. 제일 먼저, 유럽 지역 지사 운영에 1억 달러를 투자하는 문제를 다뤘습니다. 이어서 우리의 제품을 선호하는 지역을 국가별로 검토했습니다. 수익이 뛰어난 국가를 선별해 그 이유를 분석하고, 각국의 판매인력 배치를 점검하고, 지난주의 매출이 추세 라인과 비교해 어떤지를 집중적으로 다뤘습니다. 이것은 기초 차원에서 이루어지는 논의입니다.

그날 늦은 시간에 나는 우리 경영진의 평가에 조력하고 있는 컨설턴트와 만났습니다. 그 자리에서는 지금부터 6~9년 후에 암젠을 책임지게 될 CEO 후보자들과 관련된 대화를 나누었습니다. 그는 경영진 20명을 인터뷰한 후 정리한 종합적인 의견을 나에게 제시했습니다. 이것은 높은 차원의 활동입니다.

사무실로 돌아온 후에는 잠시 휴식하며 이사실에 있는 테이블을 생각했습니다. 사실 나는 이사들과 소매를 걷어붙이고 허심탄회하게 대화를 나누고 싶었습니다. 그런데 이사실의 테이블은 지나칠 정도로 컸습니다. 서로 친밀해져야 하는데, 너무 멀리 떨어져 앉는 것은 좋지 않다는 생각이 들었습니다. 생각이 거기에 미치자, 나는 곧바로 건물 관리를 담당하는 책임자를 불러 현재의 테이블과 유사하지만 크기가 작은 테이블을 배치하게 했습니다. 나는 이 작은 변화가 그룹의 역동성에 어떤 변화를 주게 되는지 살펴보고 싶습니다.

Q: 당신은 업무를 다양한 차원으로 전환하고 있다는 말로 들립니다. 그렇지 않습니까?

나는 항상 한 번에 집중할 수 있는 3가지 영역의 업무를 폭넓게 선택합니다. 첫 번째 영역은 콘텍스트(환경)입니다. 그것은 기업을 정의하는 사명, 열망, 가치, 그리고 리더십 행위입니다. 두 번째 영역은 전략이며, 세 번째 영역은 실행입니다. 확실히 이 3가지 영역에는 서로 다른 다양한 차원이 있습니다. 그런데 기업이 급성장하거나 반대로 성과가 불확실한 때라면, CEO는 각 영역의 업무를 한 번에 인식하고 민첩하게 움직여야 합니다.

이를테면 조직의 구조를 재설계하는 데 시간을 소요할 수도 있습니다. 기업의 가치를 증대하기 위한 목적으로 모든 직원들에게 이메일을 보낼 수도 있습니다. 나는 업무를 하나의 차원이나 한 가지 영역에 속한 것으로 생각하지 않습니다. 그래서 급박한 업무가 중요한 업무를 밀어내지 못하게 합니다.

Q: 급박한 업무를 처리하느라 중요한 업무를 수행하지 못한 경우가 있었습니까?

실제로 급박한 것이 가장 중요한 업무일 경우가 많습니다. 그러나 급한 업무에 매달리다 보면 다른 중요한 업무를 잊게 될 수 있습니다. 이사회를 소집해 회사의 현재 경영 상태를 알리는 일은 매우 중요합니다. 그런데 우리는 이러한 사실을 자주 잊고 지냅니다. 우리 경영진은 거의 매일을 회사 경영에만 매달려 지내는데, 이사들은 1년에 몇 차례 잠깐 동안만 모습을 드러냅니다. 나는 이사회에서 "여기 결과물이 있습니다. 예산과 관련해 현재 회사의 경영 상태는 이렇습니다. …… 질문 있으신 분 없습니까?"라고 말하고 싶은 마음이 굴뚝같습니다.

특히 회사가 급성장하고 있을 때는 이사진이 CEO와 뜻을 함께 하는 것처럼 중요한 것은 없습니다. 서로의 생각이 다를 경우 CEO는 새로운 기회를 잡을 수가 없기 때문입니다. 어제 우리는 기업 인수를 급히 승인했습니다. 인수할 기업이 우리의 전략 및 운영의 기본 틀에 부합하다는 것을 이사진이 이해해주었기 때문입니다.

오늘 아침 이른 시간에는 사업부문별 경영자들과의 논의가 있었습니다. 우리는 조직의 기능에 대해 논의했습니다. 회사에는 성가실 정도로 많은 조직이 있습니다. 어떤 면에서 조직은 현재의 위치를 지키기 위해 일부 필요하지 않은 인원을 수용하기도 합니다. 이렇게 볼 때 '급박한 것'은 '이들을 어떻게 필요한 만큼만 수용할 것인가' 하는 판단입니다. 그리고 '중요한 것'은 '조직이 회사의 성장에 필요한 기능을 할 것인가' 하는 부분입니다. 우리는 회사의 성장을 가능하게 해주는 조직을 원합니다. 따라서 급박한 것과 중요한 것을 수행하기로 결정했습니다. 우리는 논의를 통해 미래로 가는 길을 찾고 있습니다.

Q: 암젠 성장의 중요한 요인으로 암젠의 인력을 들 수 있습니다. 새로 충원한 직원들을 어떻게 기업에 통합시켜왔습니까?

『워싱턴포스트』 칼럼니스트인 조지 윌의 칼럼을 읽은 적이 있습니다.

그는 칼럼에서 독일인이나 프랑스인이 되는 것이 어떤 것인지를 물었습니다. 그리고 이와 비교해 미국인이 되는 것에 대해서도 진지하게 다루었습니다. 그는 독일인이나 프랑스인이 되는 것이 어떤 것인지 알지 못한다고 했습니다. 하지만 미국인이 되려면 미국의 헌법·독립선언문·권리장전을 믿어야 하고, 영어를 하거나 영어를 하도록 배워야 한다는 것을 알았다고 했습니다. 이 점을 받아들인다면 어떤 사람이든 미국인이 될 수 있습니다.

나는 그 칼럼을 읽으면서 이런 생각을 했습니다. '아, 우리 암젠이 괄목할 만한 성장을 기록하는 가운데 1만 3,000명의 직원 중 절반이 지난 2년 동안에 입사한 신입직원이라니……. 그렇다면 암젠의 직원이 되는 것은 어떤 것을 의미하는가?' 암젠의 직원은 회사의 사명을(환자들을 섬긴다) 믿습니다. 또한 회사의 열망을(사람을 최고로 잘 치료하는 기업) 믿고, 그 열망에 따라 행동합니다. 그들은 치열한 경쟁 속에서도 다른 회사를 존중하는 우리 회사의 가치를 믿습니다. 이를 믿고 받아들인다면 그는 암젠의 직원입니다.

이 원칙(우리의 사명, 우리의 열망, 우리의 가치)을 개발하는 가운데, 우리는 우리가 성장함에 따라 조직을 정렬시킬 수 있는 공통의 문화를 강화했습니다. 우리는 상당한 논의 끝에 이 원칙들을 마련했습니다. 일례로 우리 회사의 열망은 순식간에 만들어지지 않았습니다. 우리는 최대 생명공학 회사가 되기를 열망할 수도 있었습니다. 1990년대 말에는 그것이 그리 힘든 일도, 도전적인 일도 아니었습니다. 따라서 우리는 제약 산업에서 시가총액 10대 기업의 하나가 되는 것을 회사의 열망으로 정했습니다. 그리고 이 열망에 우리는 책임을 졌습니다.

그러나 결론적으로 그것은 어처구니없는 일이었습니다. 나는 150명의 직원들과 1시간씩 인터뷰를 하는 가운데 경영진이 하나같이 외치는 소리를 들어야 했습니다. "시가총액 10대 기업이라뇨? 혹 농담 아니십니까? 꼭 GE에서나 하는 말처럼 들립니다. 우리는 과학에 기반해 환자에게 집중하는 회사입니다. 이왕이면 보다 높은 이상을 가지면 안 되는 겁니까? 왜 우리는 세계 최고 의약품으로 환자를 치료하는 회사가 되려고 하지 않는 것입니까?"

바로 그것이 우리 스스로의 열망이었고, 따라서 '회사의 열망'이 되었습니다.

Q: 암젠의 새로운 얼굴에는 경영진도 포함되어 있습니다. 왜 많은 경영진을 외부에서 스카우트해온 것입니까?

고위경영진처럼 CEO의 스타일과 기업의 가치, 열망을 잘 보여주는 조직은 없습니다. 그래서 그 중요성을 과소평가할 수 없습니다. 기업이 급성장할 때나 시장의 독점적인 위치에서 경쟁적인 위치로 옮겨가고 있을 때 고위경영진의 힘은 더욱 중요해집니다. 매출액 30억 달러에서 4년 내에 매출액 100억 달러로 성장할 목표를 가지고 있는 기업이라면 200억 달러의 가치를 가진 고위경영진을 영입하는 것처럼 중요한 일은 없습니다. 고성장을 목표로 고군분투할 때는 그것을 실현할 수 있는 역량을 가진 경영진이 있어야 합니다.

고성장을 목표로 한다고 모든 직원이 하루아침에 역량을 신장시킬 수 있는 것도 아니고, 또 직원들은 그것을 원하지 않을 수도 있습니다. 모두가 동일한 능력으로 성장에 기여할 수는 없는 것입니다. 그렇다면 CEO는 10억 달러 차원에서는 매우 뛰어난 능력을 보이지만, 같은 업무를 하면서 50억 달러 차원에서는 성과 없이 고생만 하는 직원을 어떻게 도와야 합니까? CEO는 때로 그 사람의 업무 영역을 줄여주기도 하고, 복잡한 업무를 단순하게 해주기도 합니다. 때로는 그에 맞는 자리를 주어 능력을 발휘할 수 있도록 인사이동을 실시합니다. 이 같은 결정은 쉽게 이루어지지는 않습니다. 하지만 이 같은 결정은 반드시 필요합니다.

다른 문제도 있습니다. '적절한 최고의 팀이 없다면 적절한 하위 팀도 가지지 못한다'는 문제와 '뛰어난 팀이 그보다 못한 팀의 영역까지 책임지지는 않는다'는 문제입니다. GE와 같은 경우, 회사는 취약한 경영진을 보조할 최고의 팀을 유치할 수 있습니다. 그러나 암젠과 같은 신생기업의 경우에는 그렇게 하기가 쉽지 않습니다.

암젠의 경우, 10명의 고위경영진 가운데 8명의 재직 기간은 4년 이하입니다. 나는 여기에 온 지 12년 되었습니다. 물론 암젠에는 21년을 꾸준히 근무하고 있는 사람도 있습니다. 그의 경우는 매우 흥미롭습니다. 데니스 펜튼은 운영부문 최고책임자입니다. 수년에 걸쳐 그는 안전지대에서 벗어난 업무들을 기꺼이 수행해왔습니다. 경험이 전혀 없는데도 마케팅 부문 책임자가 갑자기 사망하자, 그는 제조 업무에서 손을 떼고 잠시 동안 마케팅 업무를 맡았습니다. 그리고 내가 CEO가 되었을 때 그는 연구와 관련된 업무를 맡았고, 후에는 인사부서의 업무를 맡았습니다. 암젠의 경영이 힘든 상황에서도 지속적인 성장이 없는 미래를 상상하지 못하는 그는 꺼지지 않는 열정을 가지고 있습니다.

Q: 고위경영진은 어떻게 스카우트합니까?

암젠에는 경영진 스카우트 담당 직원이 있습니다. 그러나 나 역시도 한두 가지 이유로 이직을 생각하고 있을 인재들을 지속적으로 찾아보고 있습니다. 우리는 이전까지 CEO가 대신했던 연구개발 책임자 자리를 맡길 만한 사람을 알고 있었습니다. 그는 머크의 연구개발 이사인 로저 펄뮤터였습니다. 우리는 그에게 여러 번 전화를 했지만 응해주지 않아 마침내 포기하고 적절한 후보자를 다시 찾기로 결정했습니다.

그러던 어느 날 『월스트리트저널』에서 머크가 경영 변화를 도모하고 있다는 기사를 읽었습니다. 그것은 그에게는 좋지 않은 변화를 가져올 수도 있는 상황이었습니다. 그래서 우리는 과학자들이 노벨상 수상자의 전화는 기꺼이 받으리라는 판단 하에 우리의 이사진으로 있는 데이비드 볼티모어에게 전화를 대신 해달라고 부탁했습니다. 아시다시피, 볼티모어는 1975년에 노벨 생리의학상을 수상했죠. 그 전술은 적중했습니다. 우리는 로저 펄뮤터에게 머크를 퇴사하고 우리에게 합류해달라고 요청했습니다. 크리스마스 휴가 동안 몇 회에 걸친 강력한 협상 끝에 그는 암젠의 경영진으로 합류했습니다.

다른 예를 들어보도록 하죠. 우리는 단호한 결정을 통해 새로운 마케팅·영업 책임자로 조지 모로를 스카우트했습니다. 그를 영입하기에 앞서 나는 컨설턴트, 금융 분석가, 학계의 학자들을 비롯한 다수의 업계 관계자들에게 최고의 마케팅 책임자로 손꼽히는 사람이 누구인지를 물었습니다. 그러자 많은 이들이 '조지 모로'라고 답했습니다. 나는 절친한 친구에게 부탁해서 그를 만났고, 우리 두 사람은 같이 식사시간을 가졌습니다. 하지만 그는 글락소에서 중요한 업무를 맡고 있었고, 더구나 장차 CEO가 될 수 있는 후보자 가운데 한 사람이었습니다.

그런데 우연히 기회가 찾아왔습니다. 글락소와 스미스클라인이 합병 계획을 발표한 것입니다. 이 소식을 듣자마자 내가 어떻게 했는지 아십니까? 나는 조지 모로와 그의 가족을 캘리포니아에 있는 암젠으로 데리고 오기 위해 비바람이 몰아치는 금요일 밤 노스캐롤라이나에 있는 그의 집을 찾아갔습니다. 그 후 몇 달 동안 논의한 끝에 여러 가지 조건에서 상당한 합의가 이루어졌습니다. 그즈음 그는 우리에게 전화를 해서 우리가 제시했던 사항과 관련해 몇 가지 조건을 밝혔습니다.

그러나 그를 스카우트하는 것은 뜻대로 되지 않고 있었고, 우리는 급히 서둘러야 했습니다. 나는 모든 약속을 취소하고, 그가 걱정하는 사항들을 합리적으로 처리하기 위해 경영진의 보수와 관련된 복잡한 문제들에 대해 상세한 브리핑을 받았습니다. 그런 다음 우리가 그에게 깊은 인상을 받았다는 말을 전하며, 4시간에 걸쳐 진심어린 편지를 썼습니다. 나는 그가 걱정하는 부분들을 충분히 공감하고 있다고 말한 다음, 암젠을 변화시키는 데 필요한 그의 역할에 대해 될 수 있는 한 명확하게 밝혔습니다. 이렇게 해서 그는 마침내 우리의 제안을 받아들였습니다.

Q: 그렇다면 당신은 드림 팀을 구성했다고 볼 수 있습니다. 팀의 지원을 받고 있다는 점을 어떻게 확신합니까?

중요한 것은 언제나 말은 쉽지만 행동은 어렵다는 것입니다. 그러나 나는 처음 한 약속을 지키며 언제나 팀을 신뢰하고 있습니다. 그리고 그들에게 자유와 유연성, 권한을 주었습니다. 한 예를 들면, 우리는 주요 과학부문의 투자를 고려하고 있었습니다. 연구부문의 최고책임자는 투자와 관련해 발생할 수 있는 이사진의 염려를 해소하기 위해 이사진과 대화를 나누었습니다. 고위경영진 미팅에서 그 부분에 대한 질문에 답을 하기 위해서였지요. 나는 그를 간섭하지 않았습니다. 그리고 그는 이사진과 논의하는 문제에 대해 나와 상의하지 않았습니다. 팀의 책임자들은 각자 독립성을 가지고 있습니다. 능력 있는 책임자들이 목표를 중심으로 정렬되어 있기 때문입니다.

CEO로서 나는 수상을 모델로 삼고 있습니다. 수상은 독립적이고 강력하고 해박한 내각의 지원을 받지 못하면 직무를 제대로 수행하지 못합니다. 이는 내각의 지원 없이도 강력한 권한을 가지고 직무를 수행할 수 있으나 내각에 의해 경질될 수도 있는 대통령 모델과는 매우 다릅니다.

이러한 나의 견해는 CEO로서 평가받고 있는 현 제도에도 반영되어 있습니다. 해마다 나에게 연말결산을 보고하는 10명의 경영진은 CEO의 성과에 대해서도 집단적으로 수행한 검토 내용을 이사회에 전달합니다. 나는 이 내용이 전달될 때 이사회에 참석하지 않습니다. 보고가 끝나면 이사들이 나를 부르고, 그러면 그때 회의가 진행됩니다. 이는 기분 좋은 제도는 아닙니다. 하지만 건강한 제도입니다. 다른 사람들과 마찬가지로 CEO도 공개적인 지도를 받는 것에 대한 유익을 누릴 수 있습니다. 사실 리더십 대차대조표를 거의 완벽하게 이해하고 있는 경영진의 목소리를 귀담아 듣는 것처럼 CEO로 성장하는 가장 빠른 방법은 없습니다.

Q: 기업의 성장은 CEO의 실수를 동반하기도 합니다. 암젠이 성장할 때 당신도 실수를 한 적이 있습니까?

물론입니다. 대표적인 실수로 키네레트라는 제품 출시의 경우를 예로 들 수 있습니다. 이는 류머티스 관절염을 가진 일부 환자에게 매우 유익한 제품이며, 확실히 과학적으로도 약진을 이룬 제품이었습니다. 하지만 1990년대 말 회사의 회장으로서 (이는 '잠수함 모드'에 대한 전범입니다.) 나는 시장과 경영진의 객관적인 평가를 귀담아듣지 않았습니다.

"자, 보십시오. 내가 이 제품의 매출 잠재력을 결정할 것입니다."

나는 평가된 매출 잠재력을 믿고 돈을 쏟아 부었고, 결국 수백만 달러의 손실을 보고 말았습니다. 아직은 사용할 수 없다는 일부 임상 데이터를 무시하고, 출시만 하면 약품의 효력을 인정받을 수 있다고 생각한 것은 도박과 같이 위험한 시도였습니다. 그런데 이렇게 잘못된 결정을 내리게 나를 몰아간 것이 무엇인지 아십니까? 암젠은 10년 가까이 신제품을 출시하지 못했습니다. 그래서 우리는 이미 성공적으로 출시된 2가지 제품을 뛰어넘는 혁신적인 제품이 나오기만을 간절히 원하고 있었습니다. 급성장하는 기업이 성장 유지에 필요한 제품을 가지고 있지 않으면 기업은 자칫 절망적이 될 수 있습니다. 그런 상황에서 지속적인 성장을 추구하다 보면 잘못된 투자 결정을 하게 될 가능성이 높아집니다.

다른 실패 경험을 이야기해볼까요. 그것은 1990년대 중반, 사람들이 비만 치료제로 생각해서 세간의 관심을 끌었던 렙틴이라는 제품의 개발이었습니다. 실제로 살이 쪘던 쥐가 그 약품을 투입하자 버썩 말라버렸다는 말을 당시 들어보지 않은 사람은 없을 것입니다. 그 제품이 얼마나 유명했는지, 유난히 눈이 컸던 칼럼니스트 데이브 베리는 "그 약품의 효력이 진짜라면 나는 그것을 내 안구에 주입하겠다"라고 말할 정도였습니다. 이 약품은 실질적인 과학적 약진이라는 평가를 받았습니다. 하지만 사실은 그때까지 정확한 약효를 증명하지 못했습니다. 나는 제품 개발자들에게 이 약품의 효력을 알아내는 데 필요한 만큼 투자하라고 말했습니다. 심지어 최초의 결과물이 긍정적이 아니었는데도 계속해서 투자를 밀어붙였습니다. 이는 과학에 대한 공격적인 추구라고 말할 수 있으며, 또 어느 정도는 사실적인 부분도 있습니다. 그러나 우리는 그때 그만두는 법을 배워야 했습니다.

어쨌든 우리는 키네레트와 렙틴과 관련해 수백만 달러에 이르는 주주들의 돈을 어리석게 투자한 결과에 대해 책임을 졌습니다. 아마도 그때 그 일들이 기업의 수지균형을 맞추게 하는 데 일조하지 않았나 싶습니다.

지금 생각해보면 이 프로젝트가 손실만을 남긴 것은 아닙니다. 우리는 400명의 고위경영자를 위한 4일간의 연수 프로그램인 '새로운 경영진의 리더십 개발 과정'에 이 일들을 실패 사례로 교육하고 있으니까요.

그렇다고 해서 이러한 실수를 가볍게 넘길 수는 없습니다. 또한 실수에 대한 두려움에 마비되어서도 안 됩니다. 기업이 성장하려면 기꺼이 도박을 해야 할 때가 있다는 말을 하고 싶군요.

Q: 그 같은 도박을 몇 번이나 감행했습니까?

적어도 세 번은 한 것 같군요. 첫 번째 도박은 경영진을 대거 해고하고, 잘 알지 못하는 새로운 사람들을 영입한 것이었습니다. 이전의 경영진은 아마도 기대만큼은 뛰어나지 않았던 것 같습니다. 그들은 암젠을 뛰어나게 만들 만큼 열정을 가지지 않았다고 생각했습니다. 또 그들은 자신을 위해 일할 수 있는 뛰어난 부하직원을 채용하지도 않았습니다. 나는 이러한 점이 우리를 실패로 이끌 수도 있다고 생각했습니다.

나는 외부의 사람들을 스카우트했습니다. 그것이 반드시 뛰어난 결정이었다고 생각하지는 않습니다. 단지 변화를 시도하고 있는 상황에 절대로 필요한 결정이라는 판단이 들었을 뿐입니다. 나는 스카우트한 임원들이 뛰어난 능력을 보여주기를 원했습니다. 그리고 그들은 거침없이 자신의 가치를 보여주었습니다. 내 판단은 틀리지 않았습니다.

두 번째 도박은 2001년, 수년에 걸쳐 암젠을 대표하고 있는 제품 아라네스프와 뉴래스타를 새롭게 출시했듯이 이뮤넥스를 매입하기로 결정한 것입니다. 이는 약품을 출시하는 것이 아니라 경쟁이 치열한 시장에 새로운 브랜드 팀을 출시하는 것과 같았습니다. 인수 과정에서 우리는 합병의 일반적인 어려움 이상을 겪었습니다. 또한 이뮤넥스의 인기 있는 약품인 엔브렐의 생산을 수요가 충족될 만큼 신속하게 늘려야 하는 어려움이 있었습니다. 이 인수합병은 지금까지 성공적인 인수합병으로 회자되고 있습니다.

세 번째 도박은 에포젠의 라이선스를 허여했기 때문에 그때까지는 일종의 협력자였던 존슨앤드존슨과 전면전을 치르기로 결정한 것이었습니다. 내가 CEO가 되기 직전에 암젠은 새로운 빈혈약인 아라네스프를 공동 마케팅할 목적으로 존슨앤드존슨과의 제휴를 고려하고 있었습니다. 양사는 뛰어난 전략적 공감대를 형성했으며, 우리는 존슨앤드존슨의 현 CEO이자 전 비즈니스 마케팅 책임자였던 빌 웰던과 1년에 걸쳐 이 문제를 논의했습니다. 그런데 매출을 어떻게 공유할지에 대해서 양측의 의견을 모으는 데에는 어려움이 있었습니다. 더구나 암젠과 존슨앤드존슨이 툭하면 서로 소송을 걸었던 앙숙지간의 역사를 되돌아볼 때 이는 극복하기가 쉽지 않은 문제였습니다. 암젠이 경쟁시장에서의 운영 경험이 없다는 점도 불리하게 작용했습니다.

나는 파리에서 열린 경영진 회의에서 칵테일 리셉션을 하는 동안 이 문제에 대해 격식을 차리지 않고 경영진의 의견을 물었습니다. 모두가 존슨앤드존슨과의 협상에 반대했습니다. 그들은 대기업의 그늘에서 편히 쉬기를 원하지 않았습니다. 그래서 나는 결단을 내렸습니다.

"예, 좋습니다. 그렇게 하겠습니다. 우리는 거대하고 공격적인 존슨앤드존슨과 경쟁을 시작할 것입니다. 그리고 그들의 제품과 시장에서 맞붙을 것입니다. 이 일이 잘되지 않으면 나는 암젠을 떠날 것입니다."

Q: 이러한 위험을 감수하게 만드는 것은 무엇입니까?

잭 웰치 회장처럼 CEO의 역할 모델로서 훌륭한 사람은 없습니다. 예전에 그의 보좌역으로 근무했을 때, 그것도 GE를 변화시키기 위해 대담하게 움직일 당시 나는 가까이에서 그의 행동을 관찰할 수 있었습니다. 그는 고투하면서도 계속 앞으로 나아갔습니다. 지금도 그때 있었던 고위 경영진 회의가 기억에 생생합니다. 그는 확신에 찬 어투로 GE는 세계에서 가장 경쟁력이 뛰어난 시가총액 1위의 기업이 될 것이라고 말했습니다. 그때는 IBM이 최고의 전성기를 누리던 시절이었습니다. 지금도 나는 임원들 틈에서 "우와, 정말이지 환상적인 목표를 가지고 있구나!"라고 감탄했던 것이 생각납니다. 그러면서도 그 대담한 확신에 등골이 서늘해지는 것을 느꼈습니다.

아무튼 나는 모든 분석을 끝낸 후 몇 명의 GE 고위경영진에게 RCA 인수 건과 관련해 프리젠테이션을 했습니다. 잭 웰치 회장은 실내를 서성이면서 경영진에게 프리젠테이션에 대한 생각을 물었습니다. 당시 부회장이던 래리 보시디는 "회장님, 인디애나 본사에 상당히 많은 직원들을 보내야 할 것 같습니다"라고 말했습니다. RCA의 대형 TV 공장이 인디애나에 있었기 때문입니다. 잭 웰치가 계속 실내를 돌고 있을 때 나는 경영진을 향해 불쑥 이렇게 말했습니다.

"저는 300개 기업을 분석했는데, 그중 RCA가 최고의 기업이었습니다. 우리는 RCA를 인수해야 하며, 이를 위해 움직여야만 합니다."

이 문제에 대해서 명확하게 알지 못했던 기업개발부문의 부회장은 "아니, 자네, 무슨 말을 하고 있는 건가?"라고 물었습니다. RCA를 합병한 후에 잭 웰치 회장은 나를 자신의 집무실로 불러 이렇게 말했습니다.

"자네에게 중요한 말을 하고 싶어서 이렇게 불렀네. 그때의 경영진 회의를 기억하고 있는가? 그 회의에는 두 부류의 사람이 있었네. 한 부류는 자네의 말이 옳다고 생각하는 사람들, 즉 자네와 내가 있었지. 자네는 적시에 기회를 잡아 자신의 생각과 예측을 말했지. 자네가 맞았어. 정말이지 일을 잘 처리했네."

나는 그날을 잊지 못할 것입니다. GE에 대한 그의 비전과 열망은 그날 그와의 대화를 통해 나를 더욱 대담하게 만들었고, 오늘날까지도 내게 통찰력을 제공하고 있습니다.

Q: 기업이 급속도로 성장하고 있을 때는 대담하게 움직인다고 해도 문제될 것이 없어 보입니다. 그런데 규모가 커지고 불가피하게 성장이 느려질 때는 기업을 어떻게 이끌어나가야 합니까?

정직처럼 중요한 역할을 하는 것은 없다고 생각합니다. CEO는 기업을 위해 믿을 수 있고 실현할 수 있는 전략을 확실하게 제시해야 합니다. 우리는 암젠이 향후 3~5년에 걸쳐 현재의 제품만으로도 강력한 성장을 유지할 수 있다고 생각합니다. 그 이후의 일은 누가 알겠습니까? 그 이상을 볼 수는 없습니다. FDA(미국 식품의약국)가 제품을 승인할 때까지는 모든 것이 다만 추측에 따른 의견일 뿐입니다.

따라서 나는 낙관적이지만 현실적이 되려고 노력합니다. 나의 목표는 약속은 적게 하고, 전달을 많이 하는 것입니다. 그것은 분석가들과 투자자들을 다루는 최고의 접근방법이기도 합니다. 직원들을 다루는 최고의 접근방법이기도 하지요. 암젠의 직원들은 재정적인 결과 외에도 자신에게 동기 부여하는 중요한 가치를 가지고 있습니다. 환자들에게 도움을 제공한다는 우리의 사명과 세계 최고의 의약품 기업이 되려는 우리의 열망이 바로 그것입니다.

2

탁월한 매출성장을 유지하는 방법

게리 하멜
Gary Hamel

게리 게츠
Gary Getz

기업의 성장(규모가 커지는 것이 아니라 실질적인 성장)은 혁신에서 비롯된다. 기업이 전면적인 혁신을 통해 성장을 이루려면 연구개발에 아낌없이 투자해야 한다. 하지만 최근에는 기업의 모든 예산항목이 치밀하게 조사되기 때문에 대다수의 기업이 재정적인 투자를 매우 조심스러워한다. 따라서 그들은 연구비를 긴축하고, 미흡한 제품 개발 프로그램을 엄밀하게 조사하며, 처음부터 제품과 서비스 아이디어가 추구할 가치가 있는지 결정하려 한다. 그리고 연구개발부서 직원들이 비즈니스 사고로 전환할 수 있도록 훈련한다.

게리 하멜과 게리 게츠는 효율성을 위해 기업이 이같이 노력하는 것은 눈여겨 볼 만하다고 말한다. 하지만 그들은 긴축이 성장전략이 되어서는 안 된다며 기업 성과와 혁신을 위한 투자비용은 상관관계가 그다지 크지 않다고 주장한다. 사우스웨스트항공, 세멕스, 쉘 케미컬 등의 기업은 비즈니스 혁신을 통해 이익을 실현하는 데 굳이 연구개발 자금이 소요되지는 않는다는 점을 보여준다.

투자 1달러당 높은 성장을 실현하기 위해 기업은 그보다 많은 혁신을 이루어야 한다. 저자들은 비즈니스가 혁신을 통해 성과를 개선할 수 있다는 점을 설명한다. 그들은 혁신에 필요한 5가지 필수적인 요소를 제시한다.

첫째, 혁신 프로세스와 행사에 직원들을 참여시켜 직위에 관계없이 혁신 대비 직원의 숫자를 늘려라. 둘째, 고객의 기대에 부응하는 아이디어와 산업에 변화를 가져올 아이디어 개발에 집중하라. 셋째, 기업의 내부에서뿐만 아니라 외부에서도 혁신의 원천을 찾아라. 넷째, 비교적 위험성이 낮은 소규모 실험에서 배운 것들을 증대하라. 다섯째, 장기간의 지속적인 개발 노력을 꾸준히 수행하라.

탁월한 매출성장을 유지하는 방법

　기업의 진정한 성장은 혁신에 달려 있다. 큰 규모의 인수합병은 기업의 매출을 신장시킬 수 있지만, 이를 성장이라고 부르기에는 부족하다. 그보다는 규모가 커진다는 말이 보다 적합할 것이다. 타이코, 비방디, 헬스사우스, 다임러크라이슬러와 같은 기업이 매출 증대를 위해 사용해왔던 기업의 인수합병은 대체적으로 단 한 번에 평균 이상의 고성장을 가져올 가능성은 없다. 10년이 넘는 동안에도 강력한 매출 성장을 실현하는 기업들을 살펴보면, 그들이 세계 초일류의 혁신을 단행했기에 장기간의 성장이 가능했다는 사실을 알 수 있다.

　그러한 기업들은 컴퓨터 산업이 '반수직화' 되었을 때 마이크로소프트가 했던 것과 같이 새로운 산업구조를 개발했을 것이다. 아니면 코스트코가 뛰어난 창고형 할인매장으로 변화를 꾀하면서 혁신했던 것처럼 새롭고 대담한 비즈니스 모델을 개척했거나, 노키아가 했던 것처럼 뛰어난 신제품 유형을 다양하게 만들어냈을 것이다. 간단하게 말해 혁신은 성장을 이끌어내는 주요한 동인이다. 혁신이 없다면 성장도 없다.

　그러나 혁신에도 갈등은 있다. 우리는 긴축의 시대에 살고 있다. 기업이 집행하는 각각의 예산항목은 지속적으로 철저하게 감독된다. 혁신에 소요되는 예산도 예외는 아니다. 연구개발 부문은 자체의 예산 소요를 실제 고객서비스 문제와 연결시킨다는 기대 하에 예산 문제를 핵심 운영부서와 직접 협상해야 한다. IBM과 같은 기업은 고객과 직접 소통할 목적으로 연구개발 전문인력을 현장에 파견하고 있다.

기업은 상당한 결과를 가져올 수 있는 소수의 프로젝트에 자원을 집중시키기 위해 개발 프로그램을 엄격하게 살핀다. 나아가 제품과 서비스의 아이디어가 추구할 가치가 있는지의 여부를 처음부터 잘 결정하기 위해 연구개발 부서 직원들을 비즈니스적으로 사고하도록 훈련한다.

그러나 이것으로 충분하다고는 할 수 없다. 혁신에서 경쟁사들보다 앞설 수 없다면 기업은 성장할 수 없다. 긴축의 시대에는 오히려 혁신에 투자해서 성과를 향상시킬 수 있는 능력을 키워야 기업이 성장할 수 있다. 점진적인 기능 향상을 실현하려면 기업은 연구개발 비용을 긴축하는 문제를 다시 생각해봐야 한다. (혁신은 근본적인 새로운 생산 방식과 투자한 자금 대비 성과를 실현하는 일련의 전략을 요구한다.)

혁신을 통해 성과를 개선하려면 기업은 혁신 결과물(새로운 공정, 제품, 서비스 및 비즈니스 모델)과 혁신을 위한 투자(현금 및 역량)를 일일이 연결하지 말아야 한다. 때때로 혁신은 처음에 예상했던 것보다 훨씬 파격적인 성과를 가져오기도 한다.

우리는 미국의 대기업에 재직하고 있는 500명의 고위 및 중간급 경영자들을 대상으로 설문조사를 했다. 우리는 그들에게 조직을 혁신하는 데 가장 큰 걸림돌이 되는 것이 무엇인지를 물었다. '단기간에 집중해야 하는 것'이라는 답변이 가장 많았고, 그 다음이 '시간과 자원의 부족'이었다. 이러한 관점에서 볼 때 혁신의 성공은 장기간의 투자 여부에 달려 있다. 덧붙여 말한다면, 기업의 혁신 생산성을 제한하는 것은 가까운 장래의 이익에만 사로잡힌 고위경영진의 강박관념이다.

효율적으로 혁신을 이룬 기업을 상세하게 분석한 결과 (다음과 같이 간단한 비율로 요약될 수 있는) 5가지 필수 요건에 힘입어 혁신 효율성이 몰라보게 개선될 수 있었다.

- 전체 직원 수 대비 혁신가들의 비율을 끌어올려라. 공식적인 직무나 기술에 관계없이 자신을 혁신가로 여기는 직원의 비율이 높으면 높을수록 그만큼 혁신 생산성은 커진다.
- 점진적 혁신 대비 급진적인 혁신의 비율을 높여라. 기업의 혁신 파이프라인에서 급진적 아이디어의 비율이 높으면 높을수록 그만큼 혁신에 따른 보상은 커진다.
- 사내 혁신 대비 사외 혁신의 비율을 높여라. 기업이 외부인의 아이디어와 에너지를 효과적으로 이용하면 이용할수록 그만큼 혁신 투자 대비 수익은 높아진다.
- 혁신 프로젝트에서 투자 대비 학습 비율을 높여라. 기업이 학습에 투자해 새로운 기회를 알아보고 위험성을 낮추는 것이 효율적일수록 그만큼 혁신적인 노력의 효율성은 높아진다.
- 중요한 우선사항 대비 노력의 비율을 높여라. 비교적 적은 수의 목표에 우선하고, 시간을 투자해 꾸준히 노력에 전념할수록 기업은 혁신 자원을 증대시킬 수 있다.

우리는 이 비율을 상세한 매트릭스로 변환시키려는 유혹을 떨쳐냈다. 초기 단계에서 분석한 결과가 지나치게 정확하기를 바란다면 비율을 개선하는 새롭고 효율적인 방법을 찾아낼 기회가 적어지기 때문이다. 여기에서는 3가지 요소가 중요하다. 첫째, 혁신 효율성의 이면에 있는 원칙을 이해해야 한다. 둘째, 각각의 혁신 효율성을 중심으로 광범위한 기준선을 마련해야 한다. 셋째, 혁신 생산성의 5가지 필수 요건에 따라 성과를 개선하는 데 최선을 다해야 한다.

앞으로 우리는 이 같은 비율에 대해 설명하고, 기업이 이 혁신 효율성을 높이기 위해 사용할 수 있는 특정한 전술을 제공할 것이다. 우리는 기업이 이러한 비율에 의거해 생산성을 높이는 요인에 의식적으로 집중함으로써 혁신 성과를 개선한 사례를 상당수 찾았다. 그리고 이 5가지 필수 요건에 따라 전략을 향상시킨 기업들 중 이를 방법론적으로만 운영한 기업은 없었다는 사실을 알아냈다. 이는 매우 중요한 것으로, 당신의 기업에 이보다 좋은 소식은 없다. 당신의 경쟁사들이 아직 혁신 효율성에 따르는 비선형 개선방법을 찾지 않았을 가능성이 높기 때문이다. 기업이 낮은 비용으로 혁신할 수 있는 기술을 숙지할 수 있다면 스스로를 차별화시키는 일은 어렵지 않다.

당신의 혁신가들을 자유롭게 하라

오래전에 조셉 주란과 에드워즈 데밍은 기업이 일반 직원들의 문제 해결 능력에 투자함으로써 큰 수익을 실현할 수 있다는 사실을 보여주었다. 그런데 실제로는 혁신을 시도하기 위해 직원의 능력에 투자하는 기업이 왜 그렇게 적은 것인가? 모든 직원이 회사의 효율성을 높이는 데 기여하고 품질에 책임을 지는데도, 고위경영진은 여전히 혁신을 특화된 부서(연구개발부서나 제품개발부서와 같은)의 영역 또는 소수의 몽상가들이나 꿈꾸는 기대 밖의 창작물로 본다.

기업이 직원들의 지력을 낭비하지는 않겠지만, 다수의 기업은 여전히 직원들이 가진 무한한 상상력의 상당 부분을 낭비하고 있다. 기업은 자사 직원들에게 직접 요청해서 혁신 파이프라인에 보다 많은 아이디어를 투입해야 한다. 이는 가장 저렴하고 효과적으로 혁신하는 방법이다.

풍부한 창의력으로 엄청난 수익을 올리고 있는 멕시코의 시멘트 제조회사인 세멕스는 매년 9일간을 혁신일로 정해 직원들의 아이디어를 수집하는 데 투자하고 있다. 세멕스는 혁신일 행사가 진행되는 동안 비즈니스나 직능에 따라 수집되는 특별한 아이디어에 집중한다. 이 행사에 지원을 아끼지 않는 세멕스의 부회장은 직원들에게 선택된 주제(이를테면 새로운 고객 찾기, 문제 해결책 개발, 비용의 효율성 개선)와 관련된 아이디어를 제안해달라고 요청한다. 그리고 참가한 직원들에게는 제안에 사용될 일련의 혁신 도구들이 주어진다.

레미콘에 집중한 최근의 혁신일에는 다음과 같은 4가지 범주, 곧 스타(star: 매우 값지고 곧바로 구현될 수 있는 커다란 아이디어), 공(ball: 그것들이 실용적인지를 보기 위해 잠시 굴러다니는 값진 아이디어), 사과(apple: 신속하고 실용적으로 사용할 수 있는 점진적인 개선 가능성이 있는 좋은 아이디어), 그리고 뼈(bone: 흥미는 있지만 그다지 실용적이지 못한 아이디어)로 나뉘는 250가지 이상의 아이디어가 나왔다. 제안된 아이디어 중에는 토건업자들이 캐스팅 몰드 투자에서 얻는 이익을 2배로 늘려주는 새로운 시멘트 주조방법을 비롯해 10가지 스타 아이디어가 나왔다.

기업 내외부의 주의를 끄는 이 행사는 직원들이 가진 혁신 가능성을 촉진하는 데 조력한다. 하지만 규칙을 변화시키는 아이디어가 꾸준히 나오게 하려면 조직은 혁신을 심오한 가치로 제도화해야 한다.

6,000명의 직원을 두고 있고, 13억 5,000만 달러의 매출을 기록하고 있는 W. L. 고어 어소시에이츠(델라웨어 주 뉴왁에 본사가 있다)의 경우 조직구조, 자원 할당 관례, 관리 원칙들은 하나같이 '혁신은 어디에서든 어떤 사람에게서든 나올 수 있다'는 믿음에 기초한 핵심 요소에서 나온다.

W. L. 고어는 업무 중에 우연히 발견하는 능력을 중요하게 여기는데, 이것은 이 회사에서는 전혀 놀랍지 않은 일이다. 사실 이 회사의 특별지정상품인 고어텍스는 비용이 적게 소요된 실험에서 나왔다. 창업자의 아들이자 현재 회장인 밥 고어는 저가의 배관용 테이프를 만들겠다는 생각으로 PTFE(폴리테트라플루오르에틸렌) 조각을 잡아당겨보았을 뿐인데, 그것이 놀라운 특징을 가지고 있다는 사실을 우연히 발견했다. 다시 말해 PTFE를 얇은 조각으로 잘라 직물로 만들면, 방수성과 통기성이 뛰어난 재질(등산가, 사냥꾼, 운동선수들을 비롯한 많은 사람들에게 매우 유용한 직물)이 나온다는 사실을 알게 되었다.

오늘날 W. L. 고어에는 이사도 없고, 경영진도 없고, 직위도 없을 뿐만 아니라 위계도 없다(W. L. 고어는 이 같은 조직구조를 '격자구조'라고 부른다). 직원들('협력자들')에게는 상사가 없다. 이들에게는 후원자가 있을 뿐이다. 모든 협력자들은 업무시간의 10퍼센트를 회사의 독특한 물질과 관련된 새로운 응용방법을 생각해내는 데 투자한다. 아이디어가 떠오르면 그것은 혁신가들에게 넘어가고, 혁신가들은 동료들과 함께 그 아이디어의 개발을 지원한다.

이러한 아이디어 시장은 검열 장치로도 기능한다. 이 아이디어들은 상당히 강력한 힘을 가진다. 따라서 회사 전체에서 자원자들이 팔을 걷어붙이고 아이디어 개발 프로젝트에 매달린다. 흡입력이 떨어지는 아이디어에는 자원자들이 몰리지 않는다. 나아가 팀이 추구하고 있는 아이디어를 상업적으로 실현 가능하게 만들기 위해 다기능 관리 그룹은 정기적으로 프로젝트 팀과 미팅한다. W. L. 고어는 혁신적인 사내 민주주의에 힘입어 연료전지, 의료장비, 밀폐제, 치실, 기타줄 등 다양한 영역에 진입하게 되었다.

현재 W. L. 고어는 미국에서 최고로 손꼽히는 뛰어난 직원들을 보유한 기업이 되었다. 이것은 역설적이게도 직원들이 자신의 아이디어에 신경을 쓰고 직접 프로젝트를 수행해서가 아니다. 이들은 기본 업무를 충실히 수행하는 한편 아이디어를 구상해내는 데도 최선을 다함으로써 일에 대한 흥분과 열정, 강렬함과 같은 자원을 강력하게 증대시킨다. 세멕스와 마찬가지로 이 회사는 직원들이 가진 아이디어의 보고에서 끊임없이 많은 것들을 얻고 있다.

CEO는 직원들에게 혁신을 요청하고 기대하는 것 외에 무엇을 해야 할까? 먼저 혁신 목표를 세워라. 그리고 당신이 경영하고 있는 기업에서 혁신 역할(연구개발부서 직원, 제품개발부서 직원 등)을 감당할 수 있는 직원이 어느 정도 되는지를 확인하라. 전문가를 영입하지 않고도 혁신을 이룰 수 있다. 직원들을 혁신 공정이나 프로젝트에 참여시켜서 팀을 만들고, 참여한 직원이 전체의 10퍼센트에 미치지 못한다면 최선을 다해 3배로 늘려라. 그들이 자신의 혁신 역량을 훈련하는 데 필요한 시간과 도구, 공간을 확실하게 제공하라. 새로운 아이디어를 구체적으로 살피고, 첫 단계의 아이디어 개발을 지원할 혁신위원회를 만들라. 모든 부서와 사업부문에서 아이디어를 제출하거나 혁신과 관련된 행사에 참여한 직원들의 이름을 모두 기록하라. 이 모든 것을 시작으로 단계를 밟아나가면 혁신 성과는 몰라보게 개선될 것이다.

외부를 살펴라

당신의 직원들은 무한한 창조적 재능을 가지고 있다. 그런데 당신이 경영하고 있는 기업의 외부에도 혁신 잠재력은 무수히 많다. 주위를 살펴보라. 소프트웨어 해커, 음악을 리믹스하는 사람들, 비디오 프로듀서, 블로거로 가득한 세상이 보일 것이다. 과학의 기술에 힘입어 인간의 상상력은 급속히 해방되고 있다. 외부의 무수한 사람들이 펼치는 상상력을 이용하지 않고, 직원 한 사람이 가지고 있는 아이디어만을 혁신 자원으로 배가시키려 한다면 그처럼 어려운 일은 없을 것이다.

기업은 장기간에 걸쳐 내적인 개발 노력 못지않게 외부에서도 혁신 원천을 끌어와 보완하는 전략을 추구해왔다. 일반적인 전략에는 보다 혁신적인 기업의 기술 라이선싱, 새로운 아이디어를 앞서 사용하는 사람들을 찾아내기, 기업의 연구개발 부문을 대학들에 아웃소싱하기, 혹은 합동연구 컨소시엄의 구성 등이 포함된다. 그러나 이 모든 것은 이미 시대에 뒤떨어져 있다.

반면 인간의 창조력이 만들어낸 산물, 즉 전 세계에 널려 있는 아이디어가 확장·발전·축적되어 있는 것을 이용하는 웹의 능력이야말로 초일류 혁신이다. 인터넷 세상이 되기 전에는 당신이 가지고 있는 문제나 열정을 공유하고 있는 사람들을 찾기가 쉽지 않았다. 그러나 이제 세상은 달라졌다. 가장 좋은 것은 공유하고 있는 문제나 열정에 매우 열성적인 다수의 사람들이 적은 액수의 돈을 받고도 기꺼이 일을 맡아서 하려고 한다는 것이다.

MS 운영체제와는 전혀 '다른' 운영체제인 리눅스 개발 사례를 생각해보자. 마지막으로 원시 코드라인의 숫자를 센 2001년, (만일 소수의 특정 개발자들이 리눅스를 개발했다면 8,000년이나 걸렸을) 그들은 이미 3,000만 개 이상의 원시 코드라인을 가지고 있었다. 보수가 높은 소프트웨어 엔지니어가 이 소프트웨어를 개발했다면 이 상품의 가치는 대략 10억 달러는 무난히 넘었을 것이다. 무엇보다도 중요한 사실은 자원자들이(인도의 열성적인 젊은 컴퓨터 프로그래머들에게 업무를 아웃소싱하는 것보다도 훨씬 효율적인 개발 모델) 이 엄청난 리눅스를 만들었다는 것이다. 마침내 수십억 달러의 연구 예산을 가지고 있는 IBM이 이 리눅스를 무시하기에는 그들이 가진 프로그램 상품이 너무나도 아깝다는 사실을 알게 되었다. 리눅스는 이제 IBM의 기업 컴퓨팅 전략의 핵심에 있다.

그렇다면 리눅스 개발 사례는 DIY $_{do\ it\ your\ self}$의 본보기이자 유일한 예외인가? 아니, 그렇지 않다. 인기 있는 언리얼 토너먼트 컴퓨터 게임 제조회사인 에픽 게임즈와 디지털 익스트림즈는 가상 개발 네트워크에 수천 명의 고객을 등록시켰다.

초고속 그래픽 칩 세트 제조회사인 엔비디아, 그리고 소수의 회사들이 한데 뭉쳐 게임을 개발하는 업체들은 '현대적이고 사용하기에 편리한 기능'을 구축해서 사람들에게 제공할 목적으로 100만 달러의 상금을 후원했다. 새롭고 신선하고 현대적인 아이디어(새로운 무기, 캐릭터, 그리고 활동 무대의 형태)들은 게임 플레이어들에 의해 다운로드되는 게임으로 창조되고, 이는 게임시장을 더욱 풍부하게 만들고 있다. 이러한 시장의 전환은 전적으로 언리얼 토너먼트 게임 엔진을 사용하는 새로운 게임에 의해 이루어지고 있다. 현대적이고 사용하기에 편리한 기능에 힘입어 에픽 게임즈가 이루어낸 스스로의 개발 노력은 배가되고 있다.

혁신을 더욱 가속화하기 위해 에픽 게임즈는 기업의 웹 사이트(고객 게임 콘텐츠를 만드는 방법과 관련해 사용자들이 보다 쉽게 알 수 있도록 디자인된)에 100시간 이상을 무료로 다운로드받을 수 있는 비디오 교육 프로그램을 게시했다. 뿐만 아니라 언리얼 토너먼트의 가장 최근에 출시된 DVD 버전에는 일련의 디자인 도구(동일한 도구의 일부는 에픽 게임즈의 사내 개발자들이 사용하고 있다)가 담겨 있다.

이를 고려해 시보레의 대표적인 스포츠 차량의 펜더, 밸브, 피스톤, 핸들, 손잡이의 디지털 렌더링과 함께 강력한 CAD 소프트웨어를 자사가 출시한 시보레 콜벳에 장착했다고 생각해보라. 그것만으로는 부족해 가장 현대적이고 사용하기에 편리한 기능을 제공하면 보상하겠다며 자동차광들을 초대했다고 상상해보라. 나아가 전 세계의 야심찬 자동차 디자이너들에게 보다 혁신적인 정신을 불어넣기 위해 최고의 아이디어를 시보레 웹사이트에 게시하는 것을 상상해보라. 에픽 게임즈가 자원자 모임인 게임 개발 네트워크를 만들 수 있었다면, 시보레라고 왜 안 되겠는가?

자원자 모임에 활력을 주려면 당신은 먼저 다음과 같은 몇 가지 중요한 질문에 답해야 한다. ① 자사가 걱정하는 문제들을 공유할 사람은 누구인가? ② 이러한 커뮤니티에서 호의와 신뢰를 구축하기 위해서는 어떤 종류의 투자가 요구되는가? ③ 돈과 관계가 없는 어떤 인센티브를 제공할 때 자원자들이 참여할 것인가? ④ 자원자들의 기여를 체계화하기 위해 우리는 어떤 메커니즘(웹사이트, 심층 검토 과정, 토론 포럼, 표준 및 기준 등)을 사용할 수 있을 것인가?

P&G의 변화를 서두르고 있는 앨런 래플리 회장은 자사 혁신의 20퍼센트 정도가 회사 외부에서 이루어지고 있는 것을 50퍼센트로 끌어올리라고 직원들을 독려한다.

그는 일본의 한 소규모 업체로부터 기술 이전한 P&G의 청소기구 가운데 하나인 스위퍼 몹Swiffer mop과 같은 성공 이야기를 원한다. 그는 P&G의

킬러 제품이나 비즈니스 모델이 회사 직원이 아닌 외부인의 제안에서 나올 수 있다는 사실을 잘 알고 있다.

급진적이 되라

대부분의 기업은 '우리는 혁신에 충분히 투자하고 있는가?' 라는 문제보다 '우리는 경쟁사를 이길 수 있는 아이디어에 충분히 투자하고 있는가?' 라는 문제에 더 집중한다. 사실 '새로운' 아이디어는 대부분 이미 존재하는 아이디어의 재생이자 업데이트된 것이며, 거기에 약간의 새로움을 부가한 것이다. 점진적인 아이디어는 점진적으로 개선된다.

점진주의적인 태도가 잘못된 것은 아니다. 하지만 급진적인 아이디어처럼 최대의 혁신 보상을 만들어내고, 평균 이상의 성장을 가능하게 하는 것은 없다. 다음의 3가지 중 하나 이상을 만족시킬 경우, 그 아이디어는 급진적이라고 할 수 있다.

- 아이디어가 고객의 기대치와 행동을 변화시킨다. 예를 들어 페이팔의 사용자 편리 서비스는 송금 방식을 변화시켰다.
- 아이디어는 경쟁우위의 기초를 변화시킨다. 예를 들어 디지털 카메라의 확산은 사진 필름 산업의 경쟁 기반을 변화시켰다.
- 아이디어는 산업 경제를 변화시킨다. 예를 들어 단순화된 경로구조, 제로 서비스, 유연한 업무 관행에 힘입어 사우스웨스트항공은 항공사의 전통적인 비용구조를 변화시켰다.

'급진적'인 것이 반드시 '위험한' 것을 의미하지는 않는다. 위험한 투자는 불확실하고, 비용이 많이 소요된다. 융합시키는 힘과 같은 일부 급진적인 아이디어 역시 위험하다. 하지만 다수의 급진적인 아이디어는 결코 위험하지 않다.

대표적인 뛰어난 사례로 스타벅스의 선불카드 사용을 들 수 있다. 이 아이디어는 급진적이다. 커피를 마시는 사람이 기분 좋게 며칠 치, 혹은 몇 주일 치의 커피 값을 미리 결제할 수 있을 것이라고 누가 생각했겠는가? 하지만 이것은 위험한 아이디어가 아니다. 더구나 이 카드에 사용된 기술(마그네틱을 붙인 선불카드)은 유익한 것으로 밝혀졌다. 이 아이디어는 대규모로 시행되기 전에 먼저 몇 개의 매장에서 시범적으로 시행되었다. 급진적인 이 아이디어의 위험은 낮았지만 보상은 컸다. 2001년 11월, 카드가 출시되고 2개월이 지나지 않아 스타벅스는 6,000만 달러 이상의 선불 요금을 받았다. 그 이후 2,600만 개 이상의 카드가 팔렸고, 이는 현재 스타벅스 매출의 10퍼센트 정도를 차지하고 있다.

프랑스 생리학자 클로드 베르나르는 "이미 알고 있다고 생각하는 것으로 인해 우리의 배움은 방해를 받곤 한다"라고 말했다. 급진적인 아이디어를 만들어내려면 당신은 직원들에게 통상적인 것 너머를 살펴보도록 가르쳐야 한다. 이를 시작하는 뛰어난 방법으로는 직원들에게 당신이 경영하는 기업의 비즈니스 모델을 기업의 구성 요소인 공급 사슬, 가치 제안, 제품 구성, 가격 정책, 마케팅 전략 등으로 분해하라고 요구하는 것을 들 수 있다.

당신의 직원들은 기업의 비즈니스 모델을 최대 경쟁사의 그것과 상세하게 비교해봐야 한다. 그러면 그들은 수렴해야 할 점을 확인할 때마다 수십 가지의 문제점을 발견하게 될 것이다. '비즈니스의 이러한 측면을 체계화할 방법은 진정 없는 것인가?' 혹은 '우리는 무의식적으로 산업의 전통에 얽매인 포로가 되었는가?' 하는 것 등이다. 급진적인 아이디어는 여기에서부터 시작될 수 있다. 그러고는 급진적인 아이디어를 없애버리는 정통성과 교의(표준적인 산업의 관례)를 조용히 깨닫는 것이다.

산업 관례의 간단한 사례를 살펴보자. 중간급 호텔에 투숙하면 도난 방지용 옷걸이로 가득 찬 옷장을 쉽게 볼 수 있다. 도난 방지용 옷걸이에는 "우리는 당신이 기회만 있으면 우리의 옷걸이를 훔쳐갈 것이라는 사실을 알고 있습니다"라는 호텔 경영자의 퉁명스런 메시지가 표시되어 있다. 수익성을 높이면서 좀 더 고객 친화적인 방식으로 이 문제를 처리할 수는 없을까? 당연히 있다. 옷장에 '옷걸이-5달러. 마음대로 가져가세요'라는 표지를 붙여보라. 그런 다음에 객실의 소형 냉장고 안의 물품을 확인하는 직원에게 옷걸이까지 계산하라고 지시하라.

그러면 옷장은 수익 센터가 될 것이다. 사실 이 아이디어 자체만으로 호텔 수익을 변화시키지는 못한다. 하지만 이와 유사하고 판에 박히지 않은 상당수의 아이디어는 호텔 수익을 변화시킬 수 있다. 이와 같은 아이디어를 얻기 위해서는 전례에 의해 정당화되고 있는 산업 관례를 깨닫고, 그것을 깨고 도전하는 훈련을 해야 한다.

불연속성(기술, 인구통계, 라이프스타일, 규제, 그리고 지정학의 불연속성)이 급진적 혁신의 원천이 되는 경우가 종종 있다. 하지만 산업 관례를 잘 모르는 것처럼 우리는 주변 환경의 변화와 영향력을 간파하지 못할 수도 있다. 최근에 실시한 인구통계 조사에서 하나의 주목할 만한 사실이 발견되었다. 미국의 1인 가정이 지속적으로 늘어나고 있다는 점이다. 가전제품 산업은 최근까지 이러한 추세를 무시해왔다.

전자레인지만이 1인 가정의 니즈를 충족시켰으며, 다른 전자제품들은 그렇지 못했다. 예를 들어 식기세척기는 구성원이 많은 가족에 맞추어 제작되었다. 그래서 큰 접시와 큰 컵, 프라이팬까지 닦을 수 있도록 속이 움푹했다.

이것은 혼자 사는 사람들이 사용하기에는 적합하지 않았다. 그렇다면 그들은 어떻게 해야 하나? 매끼 식사를 할 때다다 손으로 설거지를 해야 하나? 비효율적이다. 적은 양의 그릇을 넣고 커다란 식기세척기를 돌려야 하나? 비경제적이다. 식기세척기에 음식 찌꺼기가 덕지덕지 붙은 식기가 채워질 때까지 며칠이고 기다려야 하나? 비위생적이다.

월풀의 기업횡단 팀은 미국 가정의 변화를 코여주는 인구통계를 자세히 살펴 급진적인 새로운 개념을 생각해냈다. 업계는 전자레인지처럼 편리하게 사용할 수 있는 소형 식기세척기를 왜 제조하지 않는 것일까? 이에 답하듯이 월풀은 그러한 결과물을 내놓았다. 바로 5분 동안 적은 양의 식기를 세척하고 건조시킬 수 있는 기능까지 추가된 제품으로, 싱크대 위에 간편하게 설치할 수 있는 식기세척기 브리바Briva이다.

기업은 불연속성에서 혁신 잠재력을 찾아내려면 '세계에 있는 우리의 수많은 경쟁사들이 과소평가했거나 간과했던 변화는 무엇인가?'를 물어야 한다. 이러한 질문은 변화와 혁신을 보다 잘 이해하게 하고, 이에 대한 노력을 일치시킨다. 극적인 변화는 급진적인 혁신 기회를 만들어낸다. 하지만 이는 당신이 관심을 기울일 때에만 가능하다.

괄목할 만한 발전을 가져오는 혁신은 보통 고객이 제대로 표현하지 못했던 문제 해결에 주력하는 것부터 이루어진다. 안타깝게도 전통적인 시장조사는 영구적으로 충족되지 않는 고객의 니즈를 밝혀내지 못하거나, 고객이 겪는 장기적인 어려움을 밝혀내지 못한다. 그렇기 때문에 고객의 입장에서 고객의 감정을 가지고 이해하는 것이 요구된다. 이 접근방법은 겉으로 보이지 않아서 극복하기 어려웠던 문제점을 밝혀내고 새로운 해결책을 제시해준다.

대표적인 사례로 티보를 살펴보자. 이는 무엇보다도 새롭다. 어떤 프로그램이든지 버튼만 누르면 녹화되어서 언제든지 편안한 시간에 볼 수 있다. 이는 급진적이다. 고객이 보고 싶은 프로그램을 녹화해서 보기 때문에 광고를 전혀 보지 않아도 된다. 이 같은 특징은 광고에 목숨을 걸고 있는 모든 경영자들의 간담을 서늘하게 한다.

하지만 우리가 티보가 나오기 전의 세계에 여전히 있다고 잠시 생각해보자. 티보와 같은 제품을 만들어내는 통찰력을 어디에서 얻었을까? 그것은 텔레비전 시청자들과 대화를 나누어서 나온 것도 아니고, 업계 경영진과의 인터뷰에서 나온 것도 아니다. 알고 보면 너무도 간단하다. 잡지를 읽어본 경험에서 이에 대한 통찰력이 나왔기 때문이다. 잡지를 일정한 시간대에만 읽어야 한다고 생각하는 사람은 없다. 잡지에 있는 광고를 반드시 읽어야 할 필요도 없다. 휴식을 취하고 싶을 때, 독자는 중요하거나 좋아하는 내용을 놓치게 될지도 모른다는 걱정을 전혀 하지 않은 채 잠시 동안 잡지를 덮을 수 있다.

본질적으로 티보는 텔레비전 시청 경험을 잡지를 읽는 경험과 유사하게 만들었다. 우리는 티보 팀이 어떻게 이렇게 엄청난 아이디어를 생각해낼 수 있었는지 알지 못한다. 하지만 뒤늦게나마 생각해볼 때 티보와 같은 장치는 나올 수밖에 없었음을 알게 된다. 고객의 문제는 눈에 보이지 않은 채로 남아 있는 경우가 종종 있다. 급진적인 새로운 해결책을 상상할 수 없기 때문이다.

하지만 식기세척기가 전자레인지와 유사하면 어떨지, 텔레비전 시청이 잡지를 읽는 것과 유사하면 어떨지를 고민해보면, 오랫동안 무시되어왔던 문제들에 날카롭게 집중하게 되어 급진적인 해결책을 마련하게 되는 경우가 곧잘 있다.

파이프라인에서 보다 급진적인 아이디어를 얻으려면 무엇보다도 기준선이 있어야 한다. 다가오는 해에 운영비용이나 자본 소요에서 25만 달러 이상을 사용할 모든 제안을 확인하는 것으로 이 프로세스를 시작해보라. (당신은 자신이 경영하고 있는 비즈니스 규모에 따라 이러한 수치를 조정할 수 있다.)

1~5의 수치로 제안에 대해 점수를 매겨라. 수치 1은 현 상태를 계속 유지하는 프로젝트를 나타내고, 수치 5는 경쟁사와 고객 모두를 놀라게 할 수 있는 프로젝트를 나타낸다. 수치 5의 프로젝트를 만드는 것이 불확실한가? 지난 몇 년 동안 당신이 속해 있는 산업에서 규칙을 변화시킨 상당한 혁신 3~4가지를 확인해서 그것들을 벤치마킹하라. 처음부터 당신이 경영하는 기업의 혁신 파이프라인의 10퍼센트 이상이 4~5수치를 받을 수는 없을 것이다. 그러나 퍼센트에 관계없이 몇 년 안에 그것을 2배로 늘리도록 애써라.

이 목표를 성취하려면 당신은 직원들에게 혁신할 수 있는 기술을 제공해야 한다. 이를테면 월풀의 1만 5,000명에 달하는 직원들은 비즈니스 혁신 기초와 관련된 2시간짜리 온라인 교육과정을 이수해야 한다. 이들은 또한 새로운 아이디어를 개발·시험 및 실증하는 방법과 관련해 상당한 교육을 받은 사내 500명 이상의 혁신 멘토와 언제라도 연락을 취할 수 있도록 독려받고 있다. 그러나 직원들에게 혁신을 기대하는 것만으로는 충분하지 않다. 당신은 그들에게 혁신에 필요한 것들을 아낌없이 제공해야 한다.

새로운 아이디어의 잠재력을 실험하라

성공한 기업가들이 말해주듯이 급진적인 아이디어는 도박으로만 시작되지 않는다. 뛰어난 아이디어는 되풀이되는 실험 및 학습 프로세스를 통해서만 상업적으로 성공하게 된다. 새로운 아이디어가 '뛰어난' 아이디어(수많은 소비자들이 커피 값 선불 방식을 선호하는 것과 같은)인지 혹은 '어리석은' 아이디어(수많은 소비자들이 커피를 온라인으로 구매해서 마시려 한다)인지의 여부를 결정하기는 언제나 쉽지 않다. 바로 이 같은 이유 때문에 저비용으로 감독할 수 있는 실험이 중요한 것이다. 실험을 통해 기업은 급진적인 새로운 아이디어의 잠재력을 온전히 파악할 수 있으면서 동시에 혁신 과정에서 비용이 많이 드는 위험을 감수하지 않아도 된다.

몇 년 전 쉘 케미컬의 한 팀은 세제 및 섬유유연제의 경제성을 급진적으로 변화시키는 기회를 잡았다. 그 아이디어는 간단했다. 슈퍼마켓에서 판매할 때 제품을 제조해 그것을 재활용 용기에 판매하는 것이다. 이론상으로도 이는 모든 사람에게 유익했다. 소비자들은 소형의 보관하기 간편한 용기에 자신이 원하는 제품을 담는다. 소매업체들은 다양한 크기와 향에 따라 세제와 섬유유연제를 디스플레이하는 데 많은 공간을 할애하지 않아도 된다. 또한 재활용 포장은 환경 문제를 적게 일으킨다. 그리고 쉘 케미컬은 세제 제조업체에 그들이 공급하는 제품에 상당한 가치를 실현하도록 제공한다.

이 아이디어는 모든 면에서 압도적이었다. 쉘 케미컬은 대규모 출시에 필요한 자원을 가지고 있었다. 하지만 프로젝트 팀은 넘어야 할 산이 많다는 사실을 알고 있었다. 프로젝트를 시작하면서 팀은 영국에 있는 수많은 소매업체에 실험할 수 있게 해달라는 내용의 서신을 보내고, 주요

소매업체를 찾아가 대화를 나누었다.

팀원들은 55갤론 드럼에 펌프가 있는 양철의 원형 자동판매기를 만들었다. 저렴한 비용으로 빠르게 실시한 실험은 몇 가지 가설을 입증하는데 충분했다. 소비자들도 이 자판기를 마음에 들어 했다. 이들은 반복해서 세제를 담았던 용기를 기꺼이 다시 사용했다. 점포 관리자들 역시 이 아이디어를 좋아했다. 이 기계 덕분에 세제 진열 공간을 아낄 수 있었고, 판매도 늘어났다. 쉘 케미컬 팀이 자판기 디자인을 간단한 것으로 선택했기 때문에 자판기 가까이에 청소하는 직원을 두지 않아도 되었다.

그 후 한두 달에 걸쳐 이 팀은 중국에서 소규모의 두 번째 실험을 수행했다. 자신들의 점포에서 '실험' 해달라는 미국 소매업체의 요청을 거절하고 중국의 100여 개 점포에 자판기를 설치함으로써 쉘 케미컬은 자사의 '저가 실험' 방식의 효력이 여전히 유효함을 보였다. 쉘 케미컬은 실험 도중의 어려움들에 대해 밝혔다. 유럽과 아시아의 경우, 소비자들은 환경 파괴와 공간을 줄이는 아이디어에 깃든 의미에 마음이 끌렸다. 하지만 이 국가들에 있는 다수의 소매점포는 규고가 작아 그들의 기계를 선뜻 들여놓지 못했다. 미국 소비자들은 재활용과 공간 문제에 대해 크게 신경 쓰지 않았다. 그리고 이 모든 지역에서 브랜딩과 관련된 문제는 해결되지 않았다.

점포 안에서 제조한다는 아이디어의 성공에 관계없이 저비용 전략 실험에 앞장선 쉘 케미컬의 노력은 톡톡히 보상받았다. 최초의 아이디어를 둘러싼 엄청난 열정에도 불구하고, 초기의 실험을 거치지 않은 대규모 출시는 자칫 재앙이 될 수도 있었을 것이다.

몇 달에 걸친 사내 연구에 힘입어 초기 투자 모델링은 소수의 실질적인 통찰력으로 만들어졌다. 쉘 케미컬은 간단한 실험으로 기업의 비즈니스 모델을 매우 저렴하고 신속하게 조정할 수 있었다.

당신이 경영하는 기업이 비용이 적게 소요되는 실험 기술을 숙지하려고 한다면 몇 가지 원칙을 명심하는 것이 중요하다. 먼저, 우리가 지금까지 설명한 유형의 전략 실험은 전통적인 제품 시험과는 다르다는 사실을 알아야 한다. 제품 시험은 젊은 직원이 특정한 업무에 대해 자격이 있는지를 알기 위해 일종의 시험을 보게 하는 것과 유사하다. 그러나 전략 실험은 젊은 직원에게 그가 한 번도 꿈꿔보지 않았던 업무 실행을 준비하기 위해 1년에 걸친 개발 기회를 제공하는 것과 같다. 따라서 제품 시험과 전략 실험은 철학과 방법론적으로 상당히 다르다. 비교를 위해 부록 '시험이 실험이 아닐 때는 언제인가?'를 참고하라.

둘째, 한 번에 모든 것을 실험하려고 하지 마라. 먼저 실험할 가장 중요한 가설을 확인하라. 이를테면 시장 접근, 시장 승인, 기술 실현성, 가격 정책, 비용 경제학을 확인하라. 그런 다음에 2가지 기준에 따라 각각의 가설에 대한 순위를 매겨라. 제품, 서비스 및 비즈니스 모델 혁신의 궁극적인 성공에 대한 가설과 가설이 수반하는 불확실성의 정도에 따라 순위를 매겨라. 처음에는 성공에 매우 중요하거나 의심이 많이 가는 가설과 관련된 지식을 쌓기 위해 몇 가지 실험을 설계해야 한다. 이때는 당연히 조바심이 나겠지만 조바심 내지 않는 법을 배워야 한다. 새로운 연극들이 디모인이나 산호세, 인디애나폴리스에서 시작해서 성공한 다음 브로드웨이에서 상연된다는 사실을 명심하라.

셋째, 기업의 성공이 핵심 비즈니스에 있는 자산이나 역량을 이용하는 데 달려 있는 경우가 있다. 이럴 때는 실험이나 학습에 대한 책임을, 일종의 사랑받지 못하는 아이디어의 고아원과 다름없는 벤처 사업부문이나 아이디어 지원 육성부문에 위임하지 마라. 그것을 새로운 전략 실험을 육성하는 운영 관리자들에게 확실히 책임지게 하라. 그런 다음 기업 전체에 실험의 진척 상황을 추적하기 위한 검토 메커니즘을 세워라.

세멕스의 경우 최고위 혁신위원회는 매달 회의를 가져 기업의 새로운 프로젝트 포트폴리오를 검토하는데, 이때 다수의 프로젝트는 사내 운영 단위별로 수행된다. 경험으로 미루어볼 때, 이러한 감독은 미숙한 실험들이 단기 운영목표라는 압박으로 인해 종료되는 것을 막는 역할을 한다.

목표를 향해 끈질기게 노력하라

혁신 우선사항에 변화를 주고 투자 프로그램을 시작하고 나서 얼마 지나지 않아 멈추게 되면 혁신 생산성이 떨어진다. 따라서 혁신은 꾸준히 지속되어야 한다. 실험이 축적되면 단순했던 아이디어는 복잡해지고 역량도 강해진다. 또한 프로그램을 개발하고, 동일한 실수를 반복하지 않게 된다. 이를 명심하고 중간 중간 점검하면서 비교적 적은 수의 혁신 목표에 노력을 기울여야 한다. 기업은 얼마나 많이 투자했는가에 대한 관점이 아니라, 얼마나 끈질기게 성공을 추구했는가의 관점에서 이 목표들에 대한 노력을 측정해야 한다.

예를 들어 에너지 효율 차량을 생산하기 위한 경쟁(GM이 대규모의 비용을 소요했음에도 도요타 자동차가 앞지른) 사례를 살펴보자. 1990년대 초, GM은 전기 자동차 생산에 큰 모험을 걸었다. GM은 전기 모터로 가스 엔진의 기능을 보완하는 하이브리드 접근방식을 피하고, 완전히 전기로 움직여서 배출 가스가 전혀 없는 달걀 모양의 자동차인 EV1을 만들기로 결정했다. 하지만 1996년, 엄청난 팡파레와 함께 시작된 개발 프로젝트는 상업적 파산으로 이어졌다. 10억 달러를 소요한 이 프로젝트는 700대만을 생산하는 결과를 남겼으며, 1999년 CEO는 결국 개발에서 손을 뗐다.

반면 도요타는 광고를 적게 하면서 다수의 라이벌 기업보다 더 높은 에너지 효율성을 끈질기게 추구했다. 마침내 1997년, 몇 년에 걸친 개발 끝에 도요타는 일본에서 하이브리드 자동차를 출시했다. 2003년 도요타는 5만 대 이상의 하이브리드 차량을 판매했고, 2006~2010년 사이에 매년 30만 대를 판매할 계획을 가지고 있다.

도요타가 앞서고 있는 사이 GM에서 기획했던 최초의 하이브리드 자동차는 2007년까지 시장에 진입할 일정조차 가지고 있지 않았다. 친환경 차량 개발에 대한 도요타의 끈질긴 집념에 손을 든 포드는 2003년 말, 도요타로부터 하이브리드 기술을 라이선스 받을 것이라고 발표했다. 포드가 도요타의 연구개발 예산보다 80퍼센트 많은 비용을 썼다는 점을 생각할 때 이는 매우 놀라운 결과이다.

지속성을 가지라고 해서 매출이나 수익의 성장을 전혀 기대할 수 없는 아이디어에 계속해서 투자하라는 것이 아니다. 이는 진척 상황을 살피고, 방향을 조정하는 명확한 체크포인트를 가지고 단계적인 이동 경로를 찾으라는 것이다. EV1의 불명예스러운 퇴장으로 뼈아픈 체험을 하게 된 GM은 연료전지 차량에 대한 투자에 보다 점진적인 접근방법을 취하게 되었다. GM은 체험에서 배운 대로 투자를 단계별로 실행하고 있다. 나아가 성과 요구 및 최초의 금융 위험이 위협적이지 않은 비자동차 응용부문에서 연료전지 기술을 처음으로 시험할 계획을 가지고 있다. 혁신 목표와 진화 단계가 바로 혁신 효율성의 비결인 것이다.

마지막으로 당신이 경영하는 기업은 끈질기게 추진할 수 있는 무엇을 가지고 있어야 한다. 이는 압도적일 정도로 충분히 크지만, 믿을 수 있을 정도로 충분히 실행 가능한 혁신 목표를 필요로 한다. 목표들은 기업 전체 그리고 그 이상의 기여를 가져올 정도로 광범위하지만, 집중력을 제공할 정도로 충분히 구체적이어야 한다. 이 같은 목표에는 개인의 노력을 배가시키는 힘이 깃들어 있다.

시장 경쟁에 의한 발전은 항상 적은 것을 가지고 많은 것을 할 수 있는 기업들에 유리하게 기능한다. 그리고 이 말은 다른 기능이나 활동과 마찬가지로 혁신에도 해당된다. 투자 대비 높은 성장을 이루려면, 당신이 경영하는 기업은 보다 많은 혁신을 만들어내야 한다. 이를 위해서는 엄청나고 지속적인 혁신을 실현해야 할 것이다. 이는 절약하고, 긴축하고, 아끼는 것만으로는 충분하지 않다. 성장 챔피언이 되려면 당신이 경영하는 기업은 확장되어야 하고, 복합적이 되어야 하며, 배가되어야 한다. 기업은 미미한 자원을 급진적이고 성장을 실현하는 혁신으로 증대시켜야 한다. 나아가 적은 비용으로 담대하게, 그리고 끈질기게 혁신하는 법을 배워야 한다.

:: 시험이 실험이 아닐 때는 언제인가?

이 용어들은 자주 같은 의미로 사용되지만, 전통적인 제품 시험과 전략 실험은 동일하지 않다. 시험과 실험은 서로 다른 목적으로 사용되고, 다른 철학적 바탕에 기초하며, 다른 방법론을 이용한다.

구분	제품 시험	전략 실험
영역	**제품 또는 서비스** 대부분 정적인 비즈니스 모델 환경 안에서 자리를 잘 잡은 제품 및 서비스를 개선하거나 확장하는 데 주력한다.	**비즈니스 모델** 기업의 비즈니스 모델과 관련이 있는 몇 가지 변화에서 장점을 찾는 것을 추구한다.
철학	**절약한다.** 보통 잠재적으로 쓸모없는 것을 선별하기 위해 설계된다. 기본 원칙은 '패자에 투자하지 마라'이다.	**배운다.** 반복된 학습 기회를 만들기 위해 설계된다. 기본 원칙은 '뛰어난 아이디어를 조급하게 없애지 마라'이다.
방법론	**인공적인 환경** 새로운 제품들이 고객 패널과 함께 상당히 엄격한 시험을 받는 실험실과 같은 조건에서 이루어진다. 고객들은 제품을 사용할 수는 있지만, 공식적인 출시 결정이 이루어질 때까지 제품을 구매할 기회를 가지지 못한다.	**실제 환경** 가능한 곳 어디에서든지 실험은 고객들이 제품이나 서비스 혹은 몇 가지 그럴듯한 복제품을 구매할 수 있는 생생한 상업적 환경에서 수행된다. 목표는 고객들이 다시 설계된 비즈니스 모델의 모든 요소들과 어떻게 상호 작용하는지를 아는 것이다.

3

혁신의 8가지 유형에 따른 수익성 평가

제프리 무어
Geoffrey A. Moore

선진국의 경우, 상업적 프로세스가 범용화됨에 따라 상당한 진화 압력이 그 나라에 있는 기업들로 하여금 차세대 혁신을 불러일으키게 만들었다. 그에 따라 상업적 프로세스는 아웃소싱되거나 해외로 이전되고 있다. 하지만 혁신은 보다 넓은 뜻을 가진 용어이다. 떠들썩하게 공개적으로 드러나는 혁신도 있고, 공급사슬을 효율적으로 만들고 제품을 약간 개조함으로써 고객을 기쁘게 하는 것처럼 프로세스 혁신과 경험과 같은 평범한 형태의 혁신도 있다.

저자는 혁신의 유형을 8가지로 분류했다. 파괴적 혁신, 응용혁신, 제품혁신, 프로세스 혁신, 경험혁신, 마케팅 혁신, 비즈니스 모델 혁신, 구조적 혁신이 바로 그것이다. 이 혁신의 유형은 시장 주기에 따라 사용된다.

대다수의 경영진은 어떤 종류의 혁신에 집중할지를 결정하는 것이 어렵다고 생각한다. 최선의 선택 방법은 시장에서의 수명 단계를 고려하는 것이다. 시장의 가장 초기 단계에서 새로운 기술은 열성가들과 공상가들을 유인한다. 성장이 느리고 평평해지고 마침내 가라앉을 때 기술은 시장 발전 주기의 중심가에 이른다.

여러 가지 혁신 유형은 주기(라이프사이클)의 여러 지점에서 수익을 실현한다. 가령 파괴적 혁신은 대부분 초기 단계에서 보상받는다. 그러나 일단 주기가 중심가로 나아가면 시장은 더 이상 파괴적 혁신에 의한 매출이나 수익을 실현하지 못한다. 따라서 프로세스나 경험과 같은 다른 형태의 혁신이 보다 나은 수익을 실현하게 된다.

하지만 기업의 방향을 변화시키려는 시도는 성공을 추구하는 타성에 의해 방해를 받고는 한다. 타성이라는 악마를 극복하려면 경영자들은 새로운 유형의 혁신을 도입하는 한편, 조직에서 유산으로 물려받은 프로세스와 자원을 적극적으로 추출해야 한다. 2가지 노력을 평행적으로 수행함으로써 경영자들은 악마를 물리치고, 기업을 새롭게 재창조할 수 있다.

혁신의 8가지 유형에 따른 수익성 평가

　선진국에서는 상업적 프로세스의 범용화로 인해 기업들이 차세대 혁신을 일으킴에 따라 상업적 프로세스가 아웃소싱되거나 해외로 이전되고 있다. 따라서 혁신 실패는 차별화 실패와 마찬가지로 자본투자 유치에 필요한 수익이나 매출을 실현하지 못한다. 이러한 다원적 프로세스에 앞서가려면 지력을 이용해야 한다.

　신생기업으로서 우리는 혁신의 영역이 실제로 얼마나 광범위한지를 평가해야 한다. 확실히 혁신의 영역에는 모든 사람들이 알고 있는 유형, 곧 전설적인 기술 개발 및 실리콘밸리의 핵심인 파괴적인 혁신의 범위도 포함되어 있다.

　하지만 우리는 다음의 내용에서 알 수 있듯이 이와 동등한 효력을 가지는 평범한 형태의 혁신도 있다는 사실을 간과해서는 안 된다.

- **파괴적 혁신** 이 혁신은 특히 언론을 비롯해서 세인의 관심을 끈다. 엄청나고 새로운 부의 원천을 만들어내고 어디에서나 시장이 생기기 때문이다. 파괴적인 혁신은 1세대 휴대폰으로 모토로라를 차별화시킨 기술적 불연속성이

나, 포켓몬 카드게임과 같이 급속하게 퍼지는 일시적 유행의 기술적 불연속성을 바탕으로 하는 경향이 많다.

- **응용 혁신** 탠뎀Tandem이 자사의 고장방지형 컴퓨터를 은행 시장에 응용해 ATM을 만들었을 때와 온스타가 위성항법 장치GPS를 도로 검색 지원을 위한 자동차 시장에 응용했을 때처럼 기존의 기슬을 새로운 시장에 응용해서 새로운 목적을 실현하라.

- **제품 혁신** 인텔이 새로운 프로세스를 출시했을 때나 도요타가 신차를 출시했을 때처럼 기존 시장의 제공 요소들을 다음 차원으로 끌어올려라. 성과 증가(타이틀리스트의 프로 V1 골프공), 비용 절감(HP의 잉크젯 프린터), 사용성 향상(팜의 휴대용 컴퓨터), 혹은 제품 개선에 초점을 맞출 수 있다.

- **프로세스 혁신** 기존 시장의 제공 요소들의 프로세스를 보다 효율적이고 효과적으로 만들어라. 대표적인 사례로 델컴퓨터가 자사의 PC 공급망을 효율적으로 만든 것과 찰스 슈왑이 온라인 거래 사업부문으로 이동한 것, 그리고 월마트의 공급자 재고관리 프로세스 개선 등을 들 수 있다.

- **경험 혁신** 기존의 제품이나 프로세스에 대한 고객의 경험을 개선시키고, 개량을 겉으로 드러내라. 이는 기쁨을 주는 것(영화 「you've got mail!」), 만족을 주는 것(디즈니랜드의 뛰어난 관리), 혹은 안심을 주는 것(페덱스의 택배물 추적 시스템)의 형태를 가진다.

- **마케팅 혁신** 마케팅 커뮤니케이션(영화 「반지의 제왕」을 웹에 게재하거나 바

이러스 마케팅을 위해 예고편을 이용)이든 고객 거래(아마존의 전자상거래 메커니즘과 이베이의 온라인 경매)이든 간에 고객감동 프로세스를 개선하라.

- **비즈니스 모델 혁신** 기존의 가치 제안을 고객과 가치사슬에서의 기업의 기존 역할 2가지 측면 모두에서 재구성하라. 대표적인 사례로 질레트의 면도기에서 면도날로의 이동, IBM의 주문형 컴퓨터로의 이동, 그리고 애플의 소매부문 확장과 같은 경우를 들 수 있다.

- **구조적 혁신** 파괴를 이용해서 산업 관계를 재편하라. 일례로 피델리티, 씨티그룹과 같은 혁신 기업들은 금융 서비스 규제 철폐를 이용해, 하나의 우산 아래에서 일련의 광범위한 제품 및 서비스를 소비자들에게 제공하고 있다. 이로써 이 기업들은 보수적인 은행과 보험회사들의 막강한 경쟁사가 되었다.

혁신 유형의 선택은 어려울 수 있다. 경영자들과 경영진은 어디에 초점을 맞출 것인가? 이를 어떻게 결정해야 하는가? 이들이 추구해야 하는 혁신 유형은 어떤 것인가? 이러한 문제를 해결하기 위해 핵심 역량의 개념에 호소했던 시기가 있었다.

기업이 최고로 잘하는 것들을 선택해서 그것에 자원을 집중시켜라. 하지만 기업은 어떤 것에 최고라고 해서 그것이 경쟁우위를 보장받는 것은 아니라는 사실을 알고 있다. 차별적 역량이 구매 선호를 촉진할 경우에만 그 역량은 값지다. 고객은 기업이 가진 핵심 역량을 자주 무시하고, 그 대신 뛰어나고 저렴한 제품을 거침없이 선택한다.

시장 발전 주기

기술의 집중 문제를 해결하는 보다 신뢰할 만한 방법은, 여러 가지 유형의 혁신을 시장의 여러 지점에서 특권을 가지는 것으로 생각하는 것이다. 기술은 시장 발전의 초기 단계 연구에 상당한 자료를 제공해왔다. 나는 앞서 이 단계들이 기술 채택 주기(그림 3-1의 왼쪽 부분 참고)를 통해 확인할 수 있다고 언급했다. 주기 그래프에 시장이 자리를 잡은 후에 나타난 그래프를 결합함으로써 우리는 시장의 발전 상황을 확인할 수 있다. 시장 발전 주기에는 다음 단계들(처음 4단계까지는 이머징마켓의 기술 채택 주기를 구성한다)이 포함된다.

- **초기 시장** 기술이 처음 출시될 때, 그 기술은 조기 채택자〔열광자들(기술을 매력적인 것으로 여기는 사람들)과 공상가들(기술을 잠재적으로 파괴적인 것으로 보는 사람들)〕의 관심을 끈다. 실용적인 구매자들은 호기심이 있으나 그 기술을 구매하지는 않는다. 기술에 매혹당한 언론은 그 기술이 미래의 중요한 변화를 앞당기는 것이라고 설명하는 기사를 쓴다.

- **단절** 기술은 이 단계에서 단절된다. 기술이 이미 시장에 정착되어 그 새로움을 잃었기 때문에 공상가들은 더 이상 기술에 도박을 걸지 않는다. 또한 그 기술은 아직 실용주의자들이 안전한 구매가 될 것이라고 확신할 만큼 넓게 받아들여지지도 않는다. 따라서 기술의 채택은 지연된다.
  기술이 판매자들이 있는 곳으로 전진하는 유일한 방법은 난처한 문제를 겪고 있는 틈새시장을 목표로 삼는 것이다. 이러한 시장에서 '고통을 겪고 있는 실용주의자'은 새로운 기술이 단절을 이겨내도록 도움을 주고 동기를

그림 3-1 시장 발전 주기

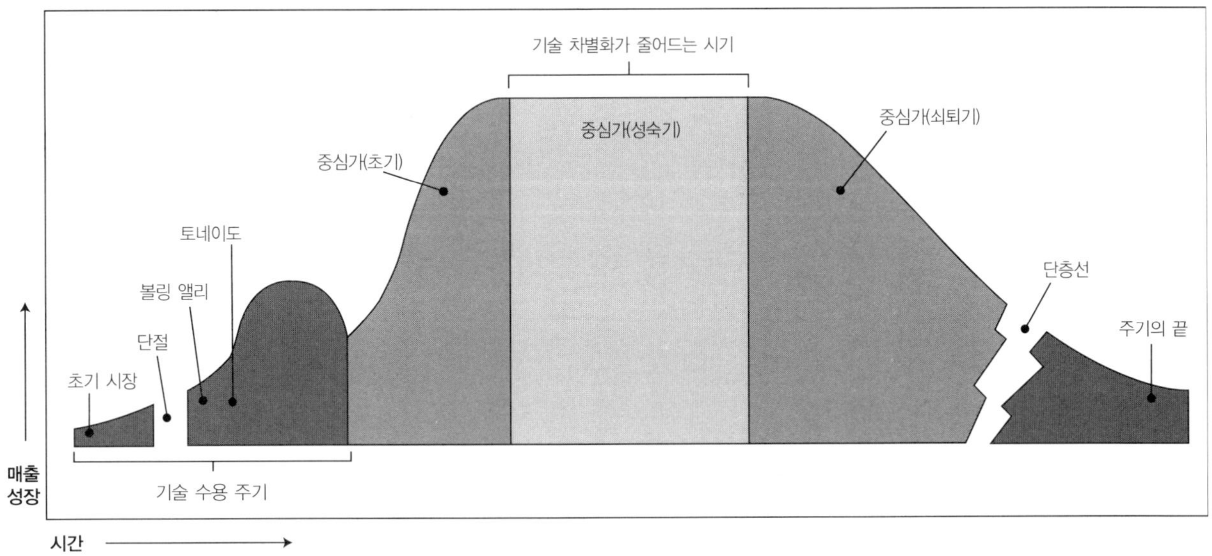

(매출 성장 / 시간 축의 시장 발전 주기 그래프)

- 주기의 끝
- 단종선
- 중심기(쇠퇴기)
- 기술 차별화가 줄어드는 시기
- 중심기(성숙기)
- 중심기(초기)
- 토네이도
- 볼링 앨리
- 단절
- 초기 시장
- 기술 수용 주기
- 시간

78

부여받는 유일한 고객이다. 현재 단절 단계에 있는 기술의 대표적인 사례로는 3세대 무선통신, 주문형 컴퓨터, 연료 전지 등을 들 수 있다.

- **볼링 앨리(bowling alley)** 기술은 그 기술이 처한 문제(하나의 틈새시장이 기술을 채택할 때, 이웃하고 있는 틈새시장은 영향을 받게 된다. 따라서 볼링 핀 비유가 가능하다)의 해결책이 되는 하나 혹은 그 이상의 틈새시장에 있는 실용주의자들에게 점차 받아들여진다. 각각의 틈새시장 안에서 기술은 규모가 확대되고 있는 시장을 포착해내는 충성스런 추종자들과 매혹적인 파트너 관계를 구축한다. 그러나 기술은 틈서시장 외부에서는 여전히 인지도가 없다.

- **토네이도** 기술은 유용성 시험을 통과하고, 이제는 상당수의 응용에 필요한 필수적·표준적인 것으로 인식된다. 사용을 주저하던 모든 실용주의자들은 뒤처지지 않기 위해 시장으로 모여든다. 다양한 분야의 다양한 유형의 고객들은 첫 번째로 이 기술을 구매하고, 매출은 2자리, 3자리 비율로 성장한다. 투자자들은 기술의 범주에 참여할 수 있는 모든 기업의 주가를 올리는 등 경쟁이 치열해진다.

- **중심가(초기)** 초고속 성장 분위기는 가라앉았지만 기술은 여전히 매혹적으로 성장하고 있다. 강화의 첫 번째 물결은 장기간 변할 가능성이 없는 시장점유율 순위로 귀착된다. 심지어 시장점유율이 낮은 기업들도 보통은 이 지점에서 좋은 성과를 실현한다. 고객은 제품이 점진적으로 개선될 때마다 구매함으로써 기업의 노력에 대해 보상한다.

- **중심가(성숙기)** 기술의 성장은 평평해지고, 제품은 점차 일용품화된다. 강화의 두 번째 물결은 시장 리더들이 유기적으로 인수합병을 통해 매출 성장을 가져오는 등 수익에 따른 차별화가 적어진다. 고객들은 이제 기술을 당연한 것으로 여기고, 언론은 기술에 대해 더 이상 논하지 않는다. 그러나 이 단계에서 시대에 뒤처진 기술은 없으며, 따라서 시장의 리스크는 바닥에 있다.

- **중심가(쇠퇴기)** 기술은 점차 경직되고, 시장 지배자들은 고객의 니즈에 둔감해진다. 고객은 기업들이 유치하고 있는 새로운 개발부문을 부지런히 찾아다닌다. 이 단계에서는 아직 토네이도 단계를 통과하지 않은 차세대 기술이 점차 모습을 드러낸다. 시장은 시대에 뒤처진 기술을 통해서건 급진적인 혁신 비즈니스 모델을 통해서건 몇 가지 형태의 파괴로 인해 성숙해진다.

- **단층선과 주기의 끝** 기업이 판매하는 것과 시장이 요구하는 것 사이에 단층선이 드러나면서 기술 쇠퇴가 마치 지진처럼 거세게 일어난다. 차세대 기술의 돌풍은 기존 판매자들이 자리 잡은 기반을 파괴한다. 기업은 시대에 뒤처진 기술을 개선하지 않는 한 진전할 방도가 전혀 없다. 유일하게 남은 질문은 기술의 효용성이 한꺼번에 사라지기 전에 기존 고객들이 얼마나 많은 돈을 들여 소비할지에 대한 것이다. 차입매수는 이러한 시장에 남아 있는 기회를 금전적으로 환산하는 데 유용하고 매력적인 메커니즘이 된다.

전체 그림 보기

혁신 유형에 대한 우리의 관점을 시장 발전 주기 모델을 통해 볼 때, 경영진은 매출 및 수익 경쟁의 어려움과 싸우기 위해 여러 가지 자원을 가지고 있다는 사실을 알 수 있다(그림 3-2 참조). 처음의 3가지 혁신 유형(파괴, 응용 및 제품)은 새로운 시장의 범주를 만들도록 상호 운영되면서 기술의 수용 주기를 지배한다. 토네이도 단계가 스스로 잠잠해질 때까지 어떤 유형의 혁신도 집중적인 보상을 받지 못한다.

시장이 중심가로 이동하면서 이 혁신들의 유형은 영향력을 잃는다. 혁신이 만들어낼 수 있는 경쟁우위에서 높이 올라가더라도 이는 그것을 이루기 위해 쓰일 자원의 가치만큼도 영향력을 미치지 못한다. 시장은 혁신에 필요한 자금을 조성해주는 매출이나 수익을 더 이상 산출하지 못한다. (시장의 주기 중 중심가로 가는 단계에 이루어지는 혁신 투자는, 하버드 경영대학원 교수인 클레이튼 크리스텐슨이 '오버슈팅'이라고 말하는 프로세스를 통해 일용품화가 가속화되는 효과를 가진다.)

시장이 발전하는 지점에서는 혁신 유형의 두 번째 그룹(프로세스, 경험, 마케팅으로 구성된 그룹)이 전면에 나온다. 다시 한 번 3가지 유형은 상호 운영될 수 있고, 분리해서 사용될 수도 있으며, 함께 점진적인 개선을 만들어낼 수도 있다. 이 혁신들의 유형은 종종 낡은 기술을 위협하거나 강화하는 등 유연성을 잃게 되며, 이에 따라 시장은 불가피하게 쇠퇴할 수 있다. 하지만 기업은 아직 사용할 수 있는 2가지 유형의 혁신, 곧 비즈니스 모델 혁신과 구조적인 혁신을 가지고 있다.

시장이 가치사슬의 한 지점에서 일용품화되면 주변 시장은 탈범용 상품화된다(클레이튼 크리스텐슨의 또 다른 뛰어난 통찰력). 예를 들어, 오늘날 자동차 산업에서 운전 지원 서비스가 탈범용 상품화됨에 따라 정상적인 유지보수는 범용 상품화되고 있다. 스스로 재창조하고, 고객의 니즈에 발빠르게 대응하기 위해 기민하게 움직이는 기업은 그 명성을 이용할 수 있

그림 3-2 혁신율 주기에 맞추기

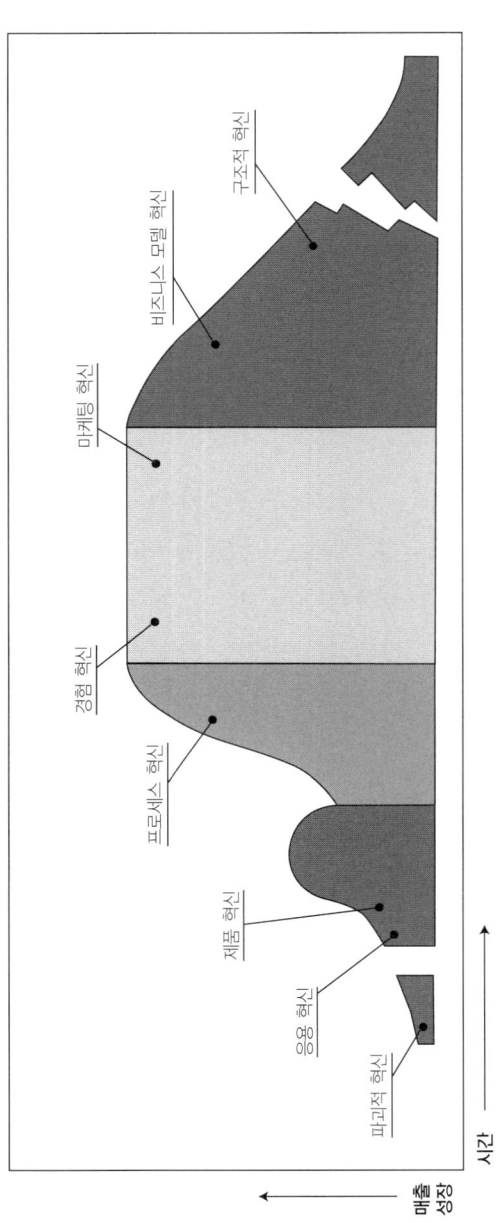

을 것이다. 제품 자체의 형태에서 이루어진 가벼운 재창조는 낡은 인프라에 새로운 비즈니스 모델을 접목시킨다. 가혹한 결과를 가져오는 재창조는 기업의 급진적 구조조정과 관련되기도 한다.

재창조는 위험성이 높은 노력이다. 하지만 단층선 가까이에 있는 시장은 재창조만이 유일한 진전 경로이다. 경영진에게 남은 대안은 경기가 끝났다고 소리치는 시장이 시장 발전 주기의 마지막에 있다는 사실을 받아들이고, 남아 있는 잉여현금을 시장의 흐름에 다시 투자하기보다는 유통에 주력할 투자자들이 구매를 활발히 할 수 있도록 하는 것이다.

일반적으로 말하면, 글로벌화에 대한 상품화 압력에도 불구하고 경영진은 놀랍게도 주주가치를 만들어낼 튼실한 기회를 가지고 있다. 하지만 소수의 CEO만이 편하게 잠들 수 있다. 왜냐하면 성공을 향한 꿈은 이들을 무기력하게 만드는 타성이라는 악마에 의해 여지없이 괴롭힘을 당하기 때문이다.

타성과의 싸움

기업의 라이프사이클(주기) 모델은 기업이 장기간에 걸쳐 상당한 수익을 유지하기 위해 기업의 핵심 역량을 변화시켜야 한다는 것을 의미한다. 시장의 초기 단계에서는 놀라울 정도로 유리하게 기능하는 제품 혁신 기술이, 프로세스 관리 및 마케팅의 새로운 전문적 기술이 요구되는 중심가(시장 발전 주기 중)에서는 수익을 유지하지 못할 수도 있다. 그럼에도 방향을 바꾸기 위한 기업 경영의 노력은 초기의 성공이 만들어낸 타성에 의해 방해를 받는다.

기업이 주기에 깊이 관여하면 관여할수록, 그리고 성공하면 성공할수록 그만큼 기업은 이전 과정으로 돌아가려고 하는 경향을 보인다. 성공한 경영진의 경우, 타성이라는 악마와의 싸움은 그들이 직면한 가장 큰 어려움이다. 그러나 안타깝게도 보통 악마가 이긴다.

타성을 극복하기 위해서는 경영진이 새로운 유형의 혁신을 도입하면서 낡은 프로세스와 조직을 해체해야 한다. 경영진이 변화를 도입하기 위해 노력할 때 범하는 가장 일반적인 실수는 그들이 물려받은 조직구조를 손대지 않고 그냥 두는 것이다. 그들이 새로운 혁신을 통해 기대하는 성공은 낡은 조직구조의 자원을 통해 유기적으로 고통 없이 변화를 가져오는 것이다. 그러나 이러한 접근방법은 성공할 가능성이 희박하다. 기업이 앞으로 전진하는 방법은 물려받은 프로세스 및 조직구조에서 과감하게 자원을 추출해 그것을 바꿈으로써 새로운 혁신 유형으로 기능하게 하거나, 그것이 불가능하다면 낡은 프로세스 및 조직구조를 한꺼번에 없애버리는 것이다.

따라서 경영진은 현재의 건설과 해체라는 이중 경로를 추구해야 한다. 건설의 경우, 목표는 차세대 경쟁우위를 만드는 것이다. 따라서 이 경우에는 혁신 팀에 초점이 맞추어져야 한다. 경쟁우위는 고위경영진의 지원을 받아야 하고, 새로운 유형의 혁신에 대해 열정을 가지고 전문지식을 가진 사람들에 의해 이루어져야 한다. 후원자 및 리더의 선택은 표 3-1 '적절한 리더 선택하기'에 나오듯이 팀이 추구하고 있는 혁신 유형에 따라 달라진다.

경영진의 후원이 기업의 주기 동안에 어떻게 이동하는지를 주목하라. 시장의 범주가 시장 발전 주기의 중간 부분에 있는 동안 혁신은 VP(부회장) 차원에서 후원받을 수 있다. 하지만 혁신은 시장 발전의 초기 단계 동

표 3-1 적절한 리더 선택하기

혁신 유형	팀의 경영진 지원	팀 최고 리더
파괴적 혁신	총괄 책임자	기업가(어떤 직능이든지)
응용 혁신	총괄 책임자	마케팅 책임자
제품 혁신	총괄 책임자	엔지니어링 책임자
프로세스 혁신	운영부문 부회장	운영 책임자
경험 혁신	마케팅 부문 부회장	고객서비스 책임자
마케팅 혁신	마케팅 부문 부회장	마케팅 책임자
비즈니스 모델 혁신	CEO	총괄 책임자
구조적 혁신	CEO	총괄 책임자

안에는 총괄 책임자의 관심을 필요로 한다. 그리고 마지막 단계에서 기업의 변화 혁신은 CEO의 완전한 지원을 요구한다.

혁신 팀의 리더는 아마도 기업의 외부에서 스카우트해야 할 것이다. 리더는 뛰어난 성과를 실현한 경험이 많은 사람이어야 하기 때문이다. 기업이 가진 최고의 재능은 보통 기업이 물려받은 역량과 관련이 있다. 그러므로 팀의 나머지 구성원들은 사내에 있는 잠재력이 뛰어난 직원들로 구성되어야 한다. 이렇게 해야 변화를 위한 새로운 노력이 기업의 현실에 터를 잡고, 뛰어난 인적자본과 물려받은 역량 프로세스에 힘입어 장기간에 걸쳐 지속적인 성장을 하게 된다.

악마를 물리치기

기존의 프로세스를 해체하는 데 따르는 어려움은 조직이 물려받은 일들을 여전히 처리해야 한다는 것을 의미한다. 하지만 그것들이 더 이상 고객의 구매 선호를 촉진하지 않기 때문에 이를 지원하기 위해 배치된 자원들은 결국 시장에서의 이러한 결과를 개선하지 못한다. 이 자원들은 단지 저조한 성과의 계속되는 하락을 막아줄 뿐이다.

따라서 프로세스의 해체는 간단한 주문, 곧 '차별화가 아닌 생산성에 의해 추진되어야 한다. 고객 선호를 추진하지 못하는 차별화는 장애물에 지나지 않는다'는 생각으로 시작해야 한다. 기업이 이러한 원칙을 온전히 내면화했을 때 진전 경로는 보다 명확해질 것이다.

- **기능을 중앙 집중화하라** 물려받은 프로세스들은 보통 기업의 운영단위마다 깊이 스며들어 있다. 이것들을 공유된 서비스 모델을 중심으로 하나로 묶어라. 그리고 운영에 주력할 관리자를 책임자로 두어라. 이는 이중 기능을 수행하고, 자원을 자유롭게 할 것이다.

- **프로세스를 표준화하라** 공유된 서비스 모델을 중심으로 묶인 프로세스들은 계속해서 그것들만의 특성을 보유한다. 이것들을 하나의 프로세스로 표준화하라. 이 프로세스를 사용하는 직원들은 놀라움에 비명을 지를 것이다. 귀를 틀어막아라. 다양한 버전을 유지하는 데 더 이상 필요하지 않는 자원은 고통일 뿐이다.

- **프로세스를 단순화하라** 일단 표준화되면 프로세스는 효율적으로 단순화될 수 있다. 프로세스 재설계 과정 동안에는 직원들이 혁신을 시도(이는 인간의 강력한 욕구이다)하지 못하게 하라. 더 이상의 새로운 아이디어는 자원을 부가하는 것이 아닌 빼내는 것이다.

- **프로세스를 자동화하거나 아웃소싱하라** 컴퓨터 프로세스를 깊이 처박아두거나 프로세스를 이출함으로써 프로세스를 없애라. 프로세스가 이익에 방해가 되기보다는 매출의 원천이 되기 때문이다. 이미 중앙 집중화되고, 표준화되고, 단순화된 프로세스는 비용과 위험을 감소시킨다.

차별화를 가져오는 혁신과 생산성을 위한 해체는 동시에 수행되어야 한다. 이를 아는 것처럼 중요한 것은 없다. 생산성을 위한 해체 없이 차별화를 가져오는 혁신을 시도할 경우, 당신은 타성에 패배하고 말 것이다. 또한 차별화를 가져오는 혁신 없이 생산성을 위한 해체를 시도할 경우, 당신은 범용상품화의 위력을 극복하지 못할 것이다. 당신은 그것들을 극복하기 위해 오랫동안 애써야 할 것이다.

차별화를 가져오는 혁신과 생산성을 위한 해체, 이 2가지 노력을 동시에 기울임으로써 당신은 기존의 물려받은 프로세스에서 혁신 프로세스로 자원을 이동시킬 수 있다. 이것은 기업을 일신하고 원상태로 회복시킬 것이다. 결국 다윈의 힘도 악마의 힘도 당신을 무찌르지 못할 것이다.

4

새로운 수익원, '대중적 부유층'의 등장

폴 눈스
Paul F. Nunes
브라이언 존슨
Brian A. Johnson
R. 티모시 브린
R. Timothy S. Breene

요약 | 새로운 수익원, '대중적 부유층'의 등장

지난 10년간 가계소득의 분포는 상당히 바뀌었다. 그로 인해 진정한 의미의 부자는 아니지만 소득이 높은 소비자들이 꾸준히 증가하고 있다. 그 결과 이들을 겨냥한 새로운 제품의 출시는 다수의 범주에서 매우 수익성이 높은 '새로운 중간 지대'를 형성했다.

기업은 시장에서 이 새로운 영역을 어떻게 이용할 수 있을 것인가? 중요한 것은 이미 제공된 제품 포지셔닝과 디자인, 그리고 그것을 시장으로 가져오는 방법을 '새롭게' 하는 것이다.

일례로 P&G가 치아 화이트닝 솔루션(미백액)의 포지셔닝 전략을 어떻게 정의했는지를 살펴보자. 10년 전 치과들은 값비싼 치아 미백 기술을 대중화하면서 치료 가격을 400달러에 맞추었다. 그러나 소비자들은 여전히 2~8달러의 미백 치약을 선택할 수밖에 없었다. 이에 P&G는 35달러의 화이트스트립스를 출시함으로써 새로운 대중시장을 목표로 삼아 스스로를 두 범주 사이에 포지셔닝했다.

중간 지대에 이미 자리 잡은 제품의 범주에 있을 경우, 기업은 새로운 제품을 디자인하거나 기존의 제품을 다시 디자인함으로써 경쟁사를 따돌릴 수 있다. 대표적인 사례로 폴로셔츠를 들 수 있다. 자신이 원하는 모든 색상의 옷을 구입한 사람에게 옷을 다시 판매하려면 어떻게 해야 하는가? 옷에 몇 가지 특징을 부가하라. 그리고 그것을 '골프 셔츠'라 이름 지어라. 옷이 두드러지게 보이도록 '자주 사용하지 않는 제품'이라는 개념에 근거해 새로운 디자인을 도입하라.

마지막으로 '거의 부자에 가까운' 소비자들을 사로잡기 위해 기업은 시장에 진입하는 방법을 변화시킬 수 있다. 평균 이상의 할인을 두드러져 보이게 하는 데 주력해 선구자적 기업으로 입지를 굳힌 타깃 스토어만큼 부유층을 겨냥해 성공한 양판점은 없을 것이다. 도시의 부유한 이들과 성공한 이들은 자주 타깃 스토어를 찾아와 쇼핑한다.

새로운 수익원, '대중적 부유층'의 등장

잠시 화이트스트립스, 스핀브러시, 스위퍼의 공통점을 생각해보자. 이 제품들은 모두 P&G의 제품이다. 그런데 이 제품들은 수년 동안 매출이 정체(일부에서 죽은 제품이라고 말하는)되어 있었다. 그러나 P&G가 포지셔닝 전략을 새롭게 함으로써 이제는 10억 달러의 매출을 올리는 제품으로 탈바꿈했다. 뿐만 아니라 이 제품들은 함께 디스플레이된 경쟁사의 제품들보다 상당히 높은 가격이다. 혹시 발생할 수 있는 문제에 대한 해결책(AS센터)은 고가의 제품 가격에 비해 상당히 저렴하다. 따라서 이 제품들은 대체될 수 있는 시장의 리더 상품들보다 3~5배 정도의 높은 이익을 실현한다.

그런데 이 3가지 제품이 공통적으로 가지고 있는 가장 흥미로운 점은 이 제품들 모두 기존의 소비자들을 목표로 전략을 세우지 않았다는 것이다. 기업이 수익성 있는 하위 그룹의 고객에게만 초점을 맞추어 이 같은 제품이 나온 것이 아니다.

이 제품들은 다양한 전통적 그룹 전체에 있는 수백만 명의 소비자들에게 일반적으로 기능하게 되어 있다. 그럼에도 CRM과 '하나의 시장'에

홀려 있는 비즈니스 환경에서 이 제품들은 매스마켓을 목표로 삼았다.

이 글에서 우리는 화이트스트립스, 스핀브러시, 스위퍼와 같은 제품들이 새로운 시장의 시작이라는 점을 주장한다. 미국 가계소득 분포의 놀라운 변화를 보면 대중시장에 갑자기 생성된 새로운 층을 이해할 수 있을 것이다. 광범위해지고 있는 새로운 중간 지대는 이전의 대중시장과 고소득 시장 사이에 자리 잡았고, 다수의 기업에는 이 같은 중간 지대를 잡는 것이 수익성 있는 성장으로 가는 가장 전도유망한 경로가 되었다. 바로 이것이 P&G가 노린 전략이었다. 따라서 앞서 제시한 3가지 제품의 성공 사례가 이 기업에서 나온 것이라는 점은 절대로 단순한 행운이 아니다. 2003년, 수익과 관련된 다자간 전화회의에서 P&G의 회장인 앨런 래플리는 이렇게 말했다.

새로운 범주를 성장시키려 애쓰거나 새로운 범주를 만들 때, 우리는 널리 쓰이는 제품의 일반적인 기능을 강화하려 노력했습니다. 그것이 우리가 화이트닝으로 결정한 이유입니다. 우리는 보다 전문적인 영역에서 보다 일반적인 제품을 만들어 출시하려 노력했습니다. 이것은 브랜드에 대해서 말하고 있는 것이 아닙니다. 부담 없이 집에서 누구나 사용할 수 있고, 습관이나 관례처럼 익숙한 제품에 대해서 말하고 있는 것입니다.

그는 계속해서 P&G가 혁신에 주력하고 있는 머리 염색약에 대해서 말했다. 하지만 중요한 것은 유사한 종류의 중간 지대 전략이 전혀 다른 시장에서도 추구될 수 있다는 점이다.

그러므로 기회는 당신의 비즈니스에도 존재한다. 하지만 기회를 이용하려면 먼저 당신이 제공하는 제품을 어떻게 포지셔닝할 것인지를 다시 생각해봐야 하고, 나아가 기업이 속해 있는 산업의 전체적인 '포지션 전략'에 대해서도 다시 생각해봐야 한다. 그리고 부유한 소비자가 있는 대중시장을 겨냥한 제품을 디자인하거나 변경해야 한다. 마지막으로 소매경로와 판촉의 관점에서 당신은 시장에 진입하는 방법을 전략적으로 조절해야 한다.

우리는 이 3가지 어려움에 대해 일부 기업이 그들의 상상력과 방식으로 이를 어떻게 처리하는지를 살필 것이다. 그들의 경험은 한 가지 사실, 곧 '매스 마케팅의 성공은 마케팅의 진부한 규칙을 따르는 것이 아니라, 오늘날 매스마켓의 규칙을 다시 만드는 것에서 온다'는 사실을 확실하게 만들었다.

매스마켓의 새로운 형태

마케터들이 눈여겨보지 않는 사이 미국의 가계소득에 한 가지 흥미로운 일이 벌어졌다. 그것은 가계소득의 분포곡선이 몰라보게 변화했다는 것이다(그림 4-1 참조). 소득은 평균 수준이나 그 가까이에 강하게 분포되어 있다. 다시 말해 가계의 상당 부분이 기본적으로 동일한 소득을 실현했다. 그 지점을 지나 보다 높은 증가량을 보인 가계소득 수치는 가파르게 떨어졌다.

하지만 1970년대 이후의 변화를 주목하라. 이러한 벼랑은 더 이상 존재하지 않는다. 그 대신 약화되는 경사면이 나타난다. 이는 마케터들에게는 그들이 추구하는 고가의 제품 판매에 새로운 광범위한 공간이 열리게 되었다는 것을 의미한다.

그림 4-1 대중적 부유층의 등장

1970년부터 2000년까지 미국 가계소득의 분포에서 중요한 변화가 일어났었다. 소수의 전문가들은 어떤 면에서 왜곡된 소득 분포 곡선만을 보아왔기 때문에 이러한 변화가 있다는 점에 주목했다. 우리가 종종 그래프로 실제본 미국의 센서스 정보는 X축 누등 증가를 사용한다. 소득 분포에서 5,000달러 이상의 차이를 나타내기 위해 사용된 수평 공간이 않은 분포가 정규분포곡선과 같은 형태를 띠었다. 이에 따라 사람들은 미국의 소득이 분포되었다고 생각할 수 있다. 경제학자들이 미국의 경제 분포에 대해 진실이라고 알고 있는 것들을 드러내면서, 이는 그래프의 왼쪽 부분이 기파른 변함이 되어 떨어지는 로그 정규분포라는 것을 알게 되었다. 한 편 우리의 버전은 증가를 지속적인 X축에 두고 있다.

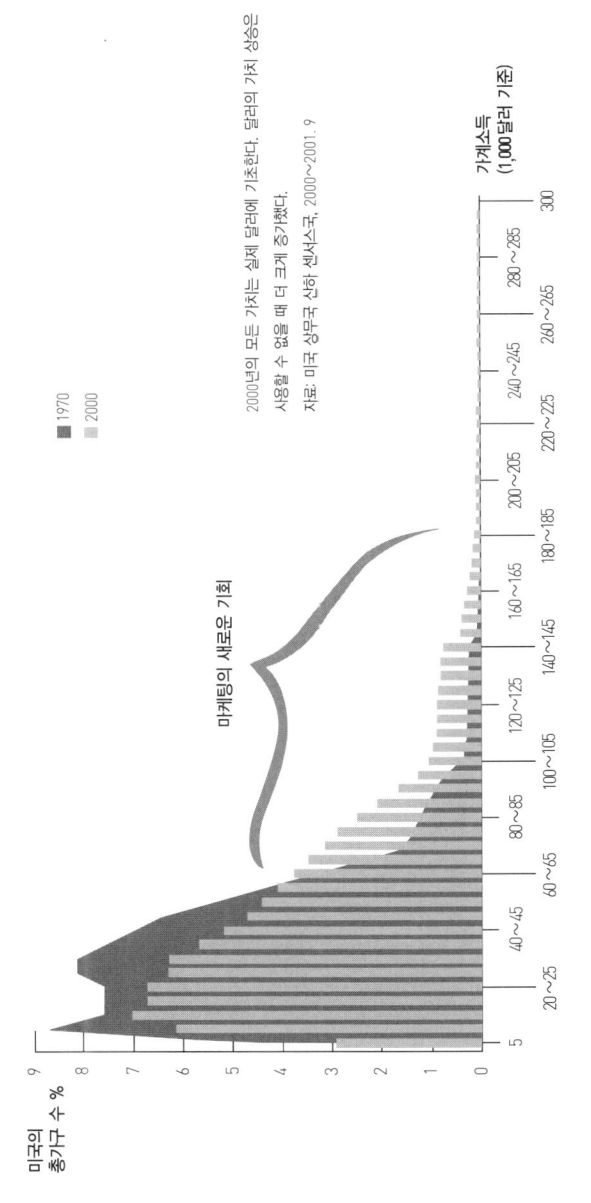

마케팅의 새로운 기회

1970
2000

미국의
총가구 수 %

가계소득
(1,000달러 기준)

2000년의 모든 가치는 실제 달러에 기초한다. 달러의 가치 상승은 사용할 수 없을 때에 더 크게 증가했다.
자료: 미국 상무부 산하 센서스국, 2000~2001. 9

새로운 수익원, '대중적 부유층'의 등장 95

과거의 소득분포에는 2가지 종류의 제품이 있었다. 하나는 중간급여 소득자들을 위한 것으로, 그들이 감당할 수 있는 가격이 주류인 제품(2달러짜리의 치약과 칫솔을 생각해보라)이었다. 다른 하나는 가격이 높거나 사치스럽거나 전문적인 것으로, 그것에 매료된 소수의 소비자들만이 구매하는 제품(1,000달러에 달하는 치아 미백제를 생각해보라)이었다. 따라서 일정한 제품이나 서비스의 범주에서 운영되고 있는 기업들의 경우, 2개의 별개 시장에 제공할 수 있는 제품을 모두 가지고 있다는 것은 두 시장에서 모두 만족할 만한 성과를 내고 있다는 것을 의미한다.

그러나 두 시장의 경계는 점차 희미해지고 있다. 새로운 시장 포지셔닝은 경제적으로 구매할 수 있는 평균 소득이나 최고의 소득을 올리는 사람들 사이에 있고, 점진적으로 소득이 증가하고 있는 사람들이 충분한 수치를 보여주는 중간 지대에 있다(스핀브러시: 10달러, 화이트스트립스: 35달러). 아직도 부자들의 시장과 대중시장을 개별적인 시장으로 생각하는 기업은 의심할 여지없이 수익을 잃게 되고 만다.

그림 4-2는 얼마나 많은 돈이 그들의 수중에 있는지를 잘 보여준다. 그림을 보면 지난 30년 동안 이루어진 미국 가계의 소득 증가에도 불구하고 이들의 소비는 소득을 따르지 못했다. 상위 20퍼센트 소득자들(1984년에는 가계소득이 6만 8,522달러 이상을 넘고, 2002년에는 당해 연도 실제 달러를 적용해 가계소득이 8만 4,016달러 이상을 넘는다)은 소득의 74퍼센트 정도를 소비했을 뿐이다. 그들은 현재 소득의 66퍼센트를 소비하고 있다. 그 결과 최고 소득 가정은 현재 미국 전체 소득의 49퍼센트를 차지하고, 총소비의 37퍼센트만을 차지할 뿐이다.

고소득자들이 저축하기에 보다 좋은 위치에 놓여 있듯이, 확실히 떠오르는 시장에서도 증가한 저축의 한계효용은 이 같은 사실을 설명해주고

그림 4-2 최고 소득 계층의 소비 지출

이 막대 그래프는 미국의 상위 20% 소득자들의 소득(세전)* 대비 평균 가계지출 비율을 나타낸다. 1984~2002년에 이르기까지 롤러코스터 패턴에도 불구하고 전체 소비는 하강 궤도를 따랐다.

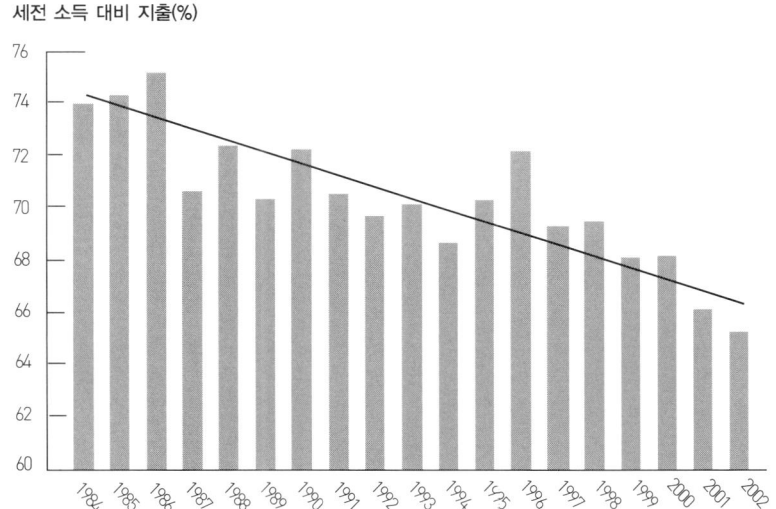

* 결과는 세후 수치를 이용할 때와 거의 동일하다.
자료: 미 노동통계국, 「소비자 지출 조사」, 1984~2002.

있다. 매우 부유한 일부 계층은 오늘날의 경제적 불안감을 겪으며 더욱 조심스럽게 소비하고 있다. 여전히 소비지출이 소득 증가에 비해 몰라보게 뒤처진다는 사실은 마케터들이 이들 가계의 니즈를 충분히 파악하지 못하거나, 이들 가계를 보다 많이 자극하지 못하고 있다는 점을 말해준다.

그렇다면 이러한 광범위한 시장의 추세를 놓치면서 마케터들은 과연 어디를 보고 있는가? 마케터들은 자신이 가지고 있는 고객 기반의 협소한 세분화 시장에만 집요하게 집중해왔다. 수십 년에 걸쳐 마케팅 이론과 관례는 '하나의 시장'을 향해 움직여왔다. 다시 말해 현대의 기업들은 '고객 중심'의 관점에서 생각하는 법을 배워왔다. 따라서 마케터들은 가장 가치 있는 고객과 뛰어난 고객과 단지 괜찮은 고객을 구별하는 도구를 가지고 있다. 그들은 가장 가치 있는 고객에게 관심을 집중한다. 하지만 그들은 하나같이 고객의 지갑 점유율 추구를 위해 이러한 도구를 가지고 분류하느라 더 큰 그림을 보지 못했다.

심지어 변화를 인식했던 소수의 사람들조차도 그것의 중요성을 놓쳤다. 우리가 목도하고 있는 것은 소득 수준이 단계적으로 높아지고 있는 층(이른바 새로운 '대중적 부유층')이다. 얼핏 보면 우리는 소득에서 얻은 재화의 상당량이 소비되고 있다거나 기본 제품의 가격이 현재 소득에 부합해서 높아지고 있다고 단순하게 생각할 수 있다.

하지만 시장에서는 이보다 근본적인 변화가 일어나고 있다. 일정한 지점에 이르면 어떤 것이든 포화 상태에 이르게 된다. 이를테면 이런 점을 생각해볼 수 있다. 집안에 온기가 있으면 우리는 난방비를 더 낼 여유가 충분히 있다 해도 땀을 뻘뻘 흘릴 정도로 집안을 뜨겁게 하지는 않는다. 마찬가지로 사람들은 부유하다고 해서 자신이 이미 가지고 있는 것들을 또다시 구매하지는 않는다. 그들은 확실히 더 이상 생계에만 집중하지 않고, 더 이상 필요한 것을 가지기 위해 싸우지 않아도 된다.

변화는 단계적으로 이루어져왔다. 그리고 우리는 이제 유명한 매슬로우 욕구단계의 높은 수준에 올라 있다. 1958년, 존 갤브레이스가 우리 사회를 '풍요한 사회'라고 부른 것이 옳다면 확실히 우리는 현재 성숙한 부유 사회 혹은 후기 풍요 사회에 살고 있다고 할 수 있다. 용어가 무엇이든지 간에 우리는 판매 및 소비의 새로운 심리학에 의해 특징지어지는 새로운 시대에 진입했다. 다른 사회로의 이동과 마찬가지로 선두에 있는 사람들은 늘 있겠지만, 우리는 현재 시장의 이동이 대중의 현상이 되어가는 지점에 와 있다.

재포지셔닝과 새로운 중간 지대

오늘날 시장의 새로운 형태는 기업에 무엇을 의미하는가? 다수의 기업에 고성장의 기회는 증가한 미세 세분화 전략보다는 갱신된 대중 마케팅 형태(대중시장의 중심 원리와 비례되는 생산, 그리고 상당 부분 익명의 고객들에 대한 판매로 지속되고 있는)에 달려 있다.

우리가 경영자들에게 단순히 전통적인 매스마케팅 접근방법으로 회귀하지 말라고 권고한 점에 주목하라. 그보다는 새로운 접근방법을 실시해야 한다. 매스마케팅의 기본 구성요소들을 자세히 살피면서, 새롭고 부유한 대중을 염두에 두고 구성요소를 다시 공식화하는 접근방법(포지셔닝 전략, 제품 디자인, 시장 출시 전략)을 실시해야 한다(표 4-1 참조).

우리는 마케터들이 STP(Segmentation(세분화), Targeting(표적화), Positioning(포지셔닝))로 다시 시작하기를 바란다. 비즈니스 순서는 세분화된 시장의 고객이 제일 먼저이고, 그 다음으로 매력적인 세분화 시장을 목표로 삼고, 그에 따라 제공할 제품을 포지션하는 것이다. 이는 여전히 온당한 접근방법이지만, 문제는 이것이 급진적이고 매우 작은 세분화된 시장으로 우리를 이끌어갈 수 있다는 점이다. 뛰어난 고객들은 품질이 향상된 값진 제품을 구매하겠지만, 다양한 품질 향상이 언제나 광범위한 호소력을 가지지는 못한다는 것이다.

표 4-1 대중적 부유층을 사로잡는 7가지 방법

대중 마케팅 구성요소	낡은 규칙	7가지 새로운 규칙	사례
제품 포지셔닝	· 저비용과 프리미엄 사이에 있는 중간 시장 포지션을 피하라. · 가격과 동일한 가치를 가진 제품을 제공하라.	① 통상적인 최고 제품과 뚜어난 해결책 사이에 새로운 중간 지대 포지션을 잡아라. ② 제품이 제공할 수 있는 가치에 준해 모든 시장과 모든 고객에게 거의 동일한 제품을 제공하라.	· 브룩스 브라더스와 랜즈 앤드의 셔츠는 마찬가지로 지지 않는 셔츠는 폴리에스테르 혼방사와 셔틱이 되는 100% 면 셔츠의 작품를 매운다. · 셔츠는 50달러의 연간 비용을 받고, 자주 렌트하지 않는 고객에게도 '쉬츠 넘버원 클럽 골드' 자격을 부여한다. 멤인이 등재되어 있기 때문에 회원들은 공항 카운터에서 줄을 서지 않아도 된다.
제품 디자이닝	· '일상적 것'을 대중이 일상적으로 사용하기에 적합하게 만들어라. · 대중에게 판매할 저렴한 시제품 버전을 생산하라. · 대중에게 새로운 소모품과 새로운 투자 기회를 제공하라.	③ 특별한 행사에 적정하게 사용되는 '일상' 제품의 새 버전을 만들어라. ④ 실질적인 시제품을 대중이 감당할 수 있게 새로운 모델의 소유권을 촉구하라. ⑤ 투자처럼 기능하는 새로운 소모품을 제공하라.	· 스타벅스의 'After Coffee' 민트와 같은 타사 제품보다 가격이 2~10배가 높을 뿐만 아니라 대중에도 경쟁사들을 앞지르고 있다. · 부분적 소유권은 고가의 시제품을 수만 명이 소비자들이 이용할 수 있는 최고급 자동차, 주택 및 예술품으로 만들었다. · 시계 재조업체 파텍필립은 구매자들에게 자신의 시계는 소유하는 것이 아니라 다음 세대를 위해 안전하게 보관하는 것이라는 사실을 심기시킨다.
고객에게 다가가기	· 다양한 제품을 갖추고 성공한 할인점으로써 소매업체를 대중의 판매 목적지로 만들어라. · 대중이 당신의 제품을 원한다고 확신할 때까지 계속해서 광고에 비용을 소모하라.	⑥ 고객이 편한하다고 생각하는 편의시설과 전시시설을 갖추고, 고객이 가까이 접근하기 위해 작은 매장 형태를 보다 다양하게 이용하라. ⑦ 대중에 깊게 관여함으로써 광고에 대한 비용 소요의 필요성을 제한하라.	· 월마트, 베스트바이, 홈디포와 같은 할인 소매업체는 도시의 부유층에 보다 가깝게 접근하기 위해 작은 매장 형태를 보다 다양하게 이용하고 있다. · NBC는 자사의 라인업과 프로그램 콘텐츠를 바꾸어서 광고주들에게 보다 부유하고 가치 있는 시장들을 유인, 제공했다.

들판에서 토끼 굴로 내려가기보다는 마케터들이 목표로 삼고 있는 시장 세분화를 하기에 앞서 포지셔닝 결정을 적극적으로 시도해보기를 권한다. 이러한 우리의 권고는 2002년 3,500명의 소비자들을 대상으로 실시한 광범위한 연구조사에 기초하고 있다. 당시 소비자들은 기꺼이 지불할 수 있는 가격보다 저렴하지만 욕구를 채워주지 못하는 제품과, 지나치게 비싸지만 욕구를 채워주는 제품 사이에서 하나를 선택해야만 했다. 이는 소비자들에게는 괴로운 선택이었다. 그들은 대중시장의 평범한 제품들과 최고의 제품들 사이에 있는 상당한 격차를 알고 있었다.

물론 이 같은 격차는 항상 있었지만 소비자들은 현재에 와서 그것을 더욱 잘 느끼게 되었다. 아이러니하게도 소비자가 제품의 격차에 대해 화를 내고 있다는 사실은 그 격차가 예전보다 적어졌다는 사실을 반영한다. 이유는 다음과 같다. 치아 미백제를 먼저 생각해보자. 치아 미백제는 20년 전에는 최고로 사치스런 제품이었다. 그때는 치아 미백제가 치과의사들이 수행하는 복잡하고 값비싼 복조 시술로만 대변되는 것이었기 때문이다. 한편 대부분의 치약 제조업체가 경쟁하고 있었던 제품 범주의 포지션은 2달러 가격점 주변이었다.

매스마켓 마케터들에 의한 혁신은 미백 성과의 개선에 집중되었고, 그로 인해 근소하게 높은 가격점이 형성된 미백제가 시장에 모습을 드러냈다. 밀랍과 몰약과 같은 이국적인 분위기의 성분이 있는 탐스 오브 메인은 용기당 5달러 정도에 판매되고 있다. 렘브란트는 8달러 정도에 판매된다. 같은 기간 동안, 치과들은 이전에는 1,000달러에 달했던 값비싼 미백 기술을 대중화시키면서 치료 가격을 400달러 정도로 대폭 인하했다. 그러나 인하된 가격에도 불구하고 미백 기술은 소비자에게 일상적인 지출이 아니었다. 하지만 새로운 대중적 부유층의 경우 이는 옵션이 되었다. 그리고 갑자기 마케터들은 스펙트럼 양 극단 사이에 있는 중간 지대를 날카롭게 인식하게 되었다. P&G는 35달러의 화이트스트립스로 제일 먼저 이러한 중간 지대로 진입했다.

새로운 중간 지대는 현재 다른 제품의 범주에서도 모습을 드러내고 있다. 그러나 다수의 마케터들은 아직도 그것을 보지 못한다. 그들은 지속적으로 전통 방식의 포지셔닝 지도를 그리기 때문이다.

크래프트푸드의 마케터가 자사의 디죠르노 냉동피자 출시에 관한 회사의 결정에 대해 말했던 것을 들어보자. 1996년, 냉동피자 가격은 50센트~2달러 50센트 사이에 형성되어 있었다. 그리고 이 범위에서 최고의 브랜드들은 값비싼 제품(소비자 제품)으로 여겨졌다. 디죠르노를 마케팅하는 데 최선을 다한 공로를 인정받아 『브랜드위크』지 '올해의 마케터'로 선정된 메리 케이는 이렇게 말했다. "디죠르노를 판매하기로 결정했을 때, 사내에는 회의주의가 팽배했습니다. '지금까지 5달러에 피자 2개를 구매해왔는데, 5.59달러에 1개를 살 사람이 어디 있겠는가?'라고 반문하는 직원들이 많았습니다."

무엇보다 몇 년 전부터 피자 전문점에는 커다란 변화가 있었다. 배달 피자의 단가는 7달러 정도로 떨어졌고, 이로 인해 다수의 가족은 주말마다 습관적으로 피자를 배달해서 먹었다. 마케터들이 인지하지 못하는 사이 포지셔닝 지도가 다시 만들어졌고, 따라서 전문시장과 대중시장 사이에 붙잡아야 할 중간 지대가 생겨났다. 피자의 경우, 2.5~7달러 사이의 품질을 가지고 있는 냉동피자가 그 중간 지대였다.

그렇다면 당신이 속해 있는 범주에서 새로운 중간 지대를 어떻게 찾을 것인가? 여기에 도움이 되는 연습이 있다. 먼저, 당신이 가지고 있는 기존의 제품들이 지닌 모든 유익을 확인하라. 그런 다음 제품들 중에 시장에서 고객의 니즈를 최고로 충족시키는 값비싼 제품을 찾아라. 이렇게 하면 포지셔닝 지도가 확장된다. 이를 두고 『안 될 것 없잖아?』라는 책의 저자인 배리 네일버프와 이언 에이어즈는 "엄청난 부자(크로이소스)란 '무엇을 할까?' 하고 상상하는 사람이다"라고 말한다. 그런 다음에 당신이 속해 있는 범주의 평균(2~10배 사이면 좋은 시작이다)보다 품질은 상당히 높지만, 품질에 비해 낮은 가격점에 둘 수 있는 제품을 택하라. 그리고 이러한 가격점이 당신에게 필요한 만큼 쓸 수 있는(개발 및 물류 등) 자유를 줄 수 있다고 생각된다면 당신이 그것을 제공할 수 있는지를 생각해보라.

당신이 원하는 만큼의 매출을 올리기를 기대한다면 충족되지 않은 고객의 니즈를 살펴보고, 어떠한 혁신방법으로 접근할 것인지를 고려해야 한다. 이는 2달러짜리 칫솔을 만들기 위해 새로운 방법을 찾는 것과는 다르게 10달러짜리 배터리로 작동되는 전동 칫솔(충전이 되는 60달러짜리 칫솔보다는 저렴하지만, 3달러짜리 혹은 일반 칫솔의 최고 가격보다는 훨씬 높은 가격에 포지션하는)을 만드는 것과 같은 아이디어를 내야 한다.

제품에 가외의 가치를 부가하면 고객은 보다 많이 그 제품을 찾게 된다. 콜로라도의 스키 리조트인 코퍼 마운틴은 비라인 어드밴티지Beeline Advantage 프로그램을 통해 이를 실현했다.

평상시 리프트 가격의 2배인 124달러의 일일 스키장 이용권을 구입하는 고객은 2가지 특혜를 누릴 수 있다. 이 이용권을 구입한 고객은 아침 시간에 일반 고객들보다 먼저 스키를 탈 수 있다(스키장은 이용권 사용 고객에 대해 15분 일찍 개장한다). 뿐만 아니라 리프트라인에 대기하는 시간도 절약할 수 있다(특별히 고안된 비라인 줄을 이용해서). 이러한 종류의 재포지셔닝은 기존의 자산에 엄청난 매몰비용이 있고, 근본적으로 새로운 제품을 생각해내는 데 유연성이 부족한 기업들에 매우 유익하다.

유니버설 스튜디오스의 테마파크는 하루를 24시간 이상 연장할 수 없기 때문에 사람들이 줄 서는 시간을 짧게 하는 방식으로 서비스를 향상시켰다. 유니버설 스튜디오스는 특혜가 전혀 없는 하루 이용권은 49달러에 판매하지만, 줄을 서지 않고 곧바로 놀이기구 등을 탈 수 있는 이용권인 '프론트 오브 라인 패스'는 99달러에, 그리고 'VIP 익스페리언스'는 129달러에 판매하고 있다.

이는 휴양·오락 시설에만 국한된 아이디어가 아니다. 델컴퓨터는 고객이 89달러를 미리 결제하면 3년간 제일 먼저 기술 지원 요청을 들어주는 프라이어티 콜 라우팅 Priority Call Routing 프로그램을 시험하고 있다. 연간 회비를 미리 납부한 회원에게 얼마를 사용하든 특권을 제공하는 차량 렌트사들도 있는데, 이들은 뛰어난 프로그램을 공개적으로 판매한 선도적 기업들로 꼽힌다.

항공사부터 외식업체에 이르기까지 기업은 앞 다투어 이 같은 선례를 따르고 있다. 이는 충분히 이해가 되는 행동이다. 기업의 제품을 많이 구매하지는 않더라도 여전히 제품에 수반되는 부가혜택을 값지게 여기는 고객들이 많기 때문이다. 사실 제품 사용이 적어서 제품당 돈을 더 많이 내야 하는 고객들은 기업이 제공하는 특혜와 장점을 취하기 쉬운 충성스런 고객들보다 잠재적인 수익성이 더 높다.

하지만 이 같은 접근방법의 제품 판매는 위험이 따른다. 마케팅 학자들은 이 같은 '차별 가격'의 기회는 본질적으로 보잘것없는 제품과 서비스에 가장 적합하다고 말한다. 필수품으로 여겨지는 품목에 이러한 원칙을 적용하면 고객의 부정적인 반응을 불러오게 된다. 실제로 우리는 다수의 소비자들이 여러 범주에서 차별화된 제품을 제공하는 기업들에 불편한 감정을 가지고 있다는 사실을 확인했다.

그러나 이는 변할 수 있다. 병원은 관례적으로 특실을 사용하는 환자들에게 가외의 비용을 내게 한다. 일부 임산부 병동은 포시즌 호텔에 버금가는 병실을 제공한다. 대표적으로 2000년에 출범한 MDVIP라는 비공개 법인은 델컴퓨터와 유사한 모델을 가지고 꾸준히 성장해오고 있다. 선납을 하고 회원이 된 환자들은 보다 신속하게 진료받을 수 있다.

대중적 부유층을 위한 제품의 재설계

하나의 범주에 하나의 새로운 중간 지대가 있다는 사실이 확실할 경우, 대중적 부유층의 마음을 사로잡는 제품을 설계하거나 재설계하는 것처럼 어려운 점도 없다. 그럼에도 기업은 다음과 같은 3가지 핵심 영역 가운데 어떤 것에서든 효율적인 변화를 시도할 수 있다는 사실을 알게 된다. 이 기업들은 자사 제품의 소비 환경, 제품 결제나 교환 모델, 혹은 고객에 대한 기업의 가치 제안을 변화시킬 수 있다.

소비 환경을 변화시킨다는 것은 제품이 기능할 수 있는 새로운 상황이나 조건을 찾아 그 같은 상황이나 조건에 맞게 제품을 섬세하게 변경하는 것을 의미한다.

대표적인 사례로는 수상 스포츠에 적합한 특별한 신발을 개발한 나이키의 성공을 예로 들 수 있다. 사실 이처럼 흥미로운 이야기도 흔치 않을 것이다. 제품의 혁신이 뜻하지 않게 이루어졌기 때문이다. 나이키는 시장에서 실패한 제품을 섬세하게 변경함으로써 마케팅에 성공했다. 이미 출시한 가벼운 런닝화 가운데 하나가 윈드서핑을 하는 사람들에게 인기가 있다는 사실에 주목할 수 있었기 때문이다. 이 런닝화는 물에 대한 마찰력을 가지고 있는 한편 거친 바닥으로부터 발을 보호하면서도 물에 쉽게 젖지 않아 발을 가볍게 했다. 나이키는 신속하게 런닝화 형태에 몇 가지 변화를 주고, 네온 색상을 추가했다. 보라! 이렇게 해서 아쿠아슈즈가 탄생한 것이다. 최초의 5,000켤레는 출시하고 한 달이 채 지나기도 전에 전량 판매되었고, 이후 꾸준한 매출을 기록하면서 생산라인은 하루에 3,000켤레를 생산하게 되었다.

대중적 부유층에 다가가는 데 적합한 이러한 유형의 마케팅은 과거의 대중 마케팅과는 다르다. 이전에는 소비 환경을 뛰어넘을 수 있는 제품을 찾는 것이 무엇보다 중요하게 여겨졌다. 폴로셔츠는 대박을 쳤다. 이 셔츠가 어느 행사에 입고 나가도 무난했기 때문이다. 하지만 문제는 있었다. 한 소비자가 원하는 색상의 셔츠를 모두 구입했을 경우, 그 후에도 셔츠를 그에게 팔 수 있겠는가? 답은 간단하다. 몇 가지 특징을 부가한 다음에 그것을 '골프 셔츠'라고 부르면 된다.

와인 잔 제조업체인 리델은 우리가 '자주 사용하지 않는 제품'이라고 부르는 것에 신경을 기울였다. 오스트리아에 소재해 있는 이 회사는 유리 업계에서 300년 정도 운영되어온 유서 깊은 업체이다. 이들은 클라우스 리델이 특별한 유형의 와인에 적합하게 저마다 모양과 크기를 다르게 한 10가지 잔 세트를 출시한 이후 급성장하게 되었다. 나아가 이러한 혁신을 통해 이미 맞춤형처럼 된 와인 잔은 더욱 특화되었다. 이는 1973년에 이루어진 일이다. 오늘날 리델은 잔 하나당 8~85달러에 이르는 80개 이상의 와인 잔을 제공하고 있으며, 매년 500만 개 이상의 와인 잔을 판매하고 있다.

이는 겉으로 보이는 것처럼 사소하지 않다. 예를 들면 열심히 일하는 목공은 스핀들 끝(혹은 자신이 가지고 있지 않은 매우 특화된 어떤 장비든)을 몹시 탐낸다. 누구나 자신의 업무에 필요한 적절한 도구를 사용하려 한다. 중요한 것은 대중적 부유층에 힘입어 이 같은 니즈를 충족시킬 수 있는 기회가 늘어났다는 것이다. 사람들은 특별히 디자인된 스튜 요리용 냄비를 구매할 돈을 가지고 있을 뿐만 아니라, 이 같은 제품들을 그럴듯하게 만드는 보다 광범위한 환경에 놓여 있다.

수십 년 전만 해도 부자들의 활동과 가난한 사람들의 활동이 비슷하게 제한적이었다는 사실을 생각해보라. 물론 부자들이 가난한 사람들보다 더 많은 활동을 했을 것이다. 하지만 이들은 여전히 일정한 라이프스타일을 고수했을 뿐이다. 오늘날의 대중적 부유층이란 사람들이 볼링 셔츠만큼이나 턱시도를 원할 가능성이 높다는 것을 의미한다. 나아가 특별한 행사를 위해 디자인된 일상 제품의 새로운 버전들은 이제 주요한 성장 기회가 되었다.

오늘날 대중적 부유층의 관점에서 당신의 제품에 변화를 주는 두 번째 방법은 제품의 교환 모델(제품에 대해 어떻게 돈을 받는가 하는)과 소비자가 제품을 소유하는 것이 어떤 의미를 가지는지를 다시 생각해보는 것이다. 당신의 범주에 제품의 소유권, 지불 옵션 혹은 기대되는 소유권 존속과 관련해서 주어진 것이 없다면 어떻게 할 것인가?

시카고에 기반을 둔 이그조틱 카쉐어라는 기업은 이 같은 고민을 한 끝에 희귀하고 고색창연하고 고급스러운 자동차들에 대한 새로운 자산 소유권 프로그램을 만들었다.

이 프로그램을 통해 고객은 페라리 360 모데나 스파이더나 람보르기니 무르시엘라고, 벤틀리 아네이지의 5분의 1 몫을 구매할 수 있다. 창업자인 조지 키에발라는 제트 비행기, 휴가 주택, 심지어 요트에서도 이미 일반화된 지분 소유권을 비즈니스 모델로 삼았다. 이 제품들처럼 그 기업에서 제공하는 제품은 새로운 구매층으로 하여금 진정한 사치품에 접근할 수 있도록 만들었다.

　이 같은 전략은 가격점을 낮추는 것 이상으로 오늘날의 대중적 부유층의 니즈에 보다 절실하게 부응하고 있다. 대중적 부유층은 자신이 동경하는 엄청난 부자들이 고가제품의 소유를 오히려 부담스러워한다는 점을 알게 되었다. 해변가의 고급 별장, 뛰어난 구형 클래식 차량, 혹은 귀한 예술품은 주인이 조심스럽게 관리하고 보살펴야 한다. 따라서 부자들은 자신이 고급품을 소유한 것이 아니라 오히려 고급품들이 자신을 소유한 것 같다고 느끼곤 한다. 마케터들은 이 문제를 신중하게 생각하게 되었다. 이제 귀중한 물품을 유지 관리하는 문제는 엄청난 부자들의 전유물만은 아니기 때문이다.

　집을 맡아서 관리하는 사람을 둘 만큼 여유가 없는 사람들조차 금고, 컴퓨터, 오락기, 제설차, 카푸치노 커피 제조기에 이르기까지 전례 없이 많은 제품들을 집에다 쌓아놓고 있다. 나아가 예전만큼 자신의 소유물을 관리할 시간적 여유도 없다. (2000년 통계에 따르면 미국인들은 평균적으로 1980년 당시보다 연간 100시간 이상 더 일하고 있다.)

　마케팅 컨설팅 기업인 양클로비치 파트너스가 "사람들은 종종 '자신'이 가지고 있는 물질에 압도당한다고 느낀다"라고 말하는 것처럼 오늘날의 '풍요의 밀실공포증'은 증가일로에 있다. 이 같은 변화 수요에 맞춰 주택 소유자들의 수납장이나 창고 등을 주문에 맞게 전문적으로 정리 정돈해주는 캘리포니아 클로짓은 1996~2002년까지 6년이라는 짧은 시간 동안 무려 6배나 성장했다.

　물건을 오래 보관하지 않을 것이라고 생각하면 물건에 대한 소유는 크게 부담이 되지 않을 수도 있다. 바로 이 같은 이유로 세계적인 소매업체인 이케아는 가구 구매와 관련한 고객의 태도를 바꾸기 위해 노력했다. 이케아가 5,000만 달러의 돈을 쏟아 부은 텔레비전 광고는 낡고 우중충한 가구들에 대해서 사람들이 가지고 있는 감상적인 집착을 날카롭게 풍자한다. 광고의 등장인물들이 가구를 교체할 때, 내레이터는 낡은 가구들을 측은하게 여기는 텔레비전 시청자들을 신랄하게 비난한다. 그는 시청자들에게 "당신들은 미쳤다"라고 말한다.

이케아의 마케터인 크리스티안 마티유는 최근 광고의 힘에 대해 이렇게 말했다. "우리는 스와치 시계가 그것의 범주를 어떻게 변화시켰는지를 진지하게 생각했습니다. 스와치는 시계를 희귀한 구매에서 벗어나 소비자들이 더 멋져 보이기 위해 구매할 수 있도록 부담이 적은 가격으로 변화시켰습니다."

가구와 시계가 변화될 수 있다면 다른 제품들도 변화시킬 수 있지 않을까? 보석과 미술품은 여전히 다른 기회로 여겨지는가? 사람들은 가격이 비싸다는 이유로, 또는 구매한 후에는 자신이 모든 책임을 져야 한다는 이유로 보석이나 미술품을 좀처럼 구매하려 하지 않는다. 따라서 자동차를 리스하듯이 소비자들이 미술품을 리스하는 시장(2차 시장)이 점차 형성되고 있다.

제품을 다시 고려하고 혁신하는 세 번째 방법은 고객에 대한 기업의 가치 제안을 새롭게 하는 것이다. 마케터들은 부유해진 사람들이 보다 많은 투자를 하려 한다는 사실을 깨달아야 한다. 물론 이들은 덜 부유한 사람들보다 금융상품에 보다 많은 투자를 한다. 그러나 부자들이 구매하는 많은 물건은 가치로 평가된다. 기업의 제품을 금융투자처럼 좋은 성과를 보이게 할 수 있다면, 마케터들은 대중적 부유층 시장에서의 제품 판매가 보다 용이해질 것이다. 확실히 대중적 부유층 구매자들을 목표로 삼은 의류 소매업체인 탈보츠의 새로운 가치 제안은 괄목할 만하다. 이 기업은 값지고 투자 가치가 있는 최고 품질의 의류 제공에 최선을 다하면서, 소비자들에게 의류를 구매하는 쇼핑고객 프로그램을 설명하는 데 '배당금'이라는 용어를 사용했다.

최고급 남성제화 제조업체인 앨런 에드먼즈는 고객에게 '재수선' 서비스를 제공함으로써 약간 다른 종류의 투자 매력을 제공하고 있다. 앨런 에드먼즈 제품을 구매한 고객은 이전에 구매한 구두를 신제품 가격의 절반 정도에 수선해서 다시 새로 구입한 구두처럼 신을 수 있다. 처음 이러한 서비스를 제공한다는 아이디어를 둘러싸고 사내에서는 많은 논란이 있었다. 고객들이 수선만 할 뿐 새로운 구매를 하지 않을 위험성을 떨쳐버리기가 어려웠기 때문이다. 그런데 이는 기우에 지나지 않았다.

사실 이러한 서비스는 3가지 방향에서 성과를 실현했다. 첫째, 고객과의 수선 약속(수선 약속이 구두가 본질적으로 가지고 있는 품질에 대해서 말해주므로)으로 인해 이 회사의 구두를 처음으로 구매하는 사람들이 늘어났으며, 가치 제안까지 늘어났다. 둘째, 고객이 낡은 구두를 수선할 목적으로 매장을 찾아오기 때문에 매장에는 언제나 많은 고객들로 붐볐다. 셋째, 이는 무엇보다 중요한 성과로, 수선이 오히려 새 구두보다도 높은 수익을 실현했다.

고가의 구두를 구매하는 사람들이 구두 수선을 귀찮게 여길 것이라고 생각하는 사람은 대중적 부유층을 잘 모르는 것이다. 앨런 에드먼즈의 마케팅 영업책임자인 루 리플은 이렇게 말했다. "제가 들은 바로는 고객들이 동일한 구두를 5~6회씩 수선한다고 합니다."

새로운 틈새시장으로 다가가기

지금까지 우리는 이 글에서 고객을 만족시킬 수 있는 제품의 포지셔닝 및 디자인과 관련해서 새로운 규칙을 제안했다. 이번에는 시장에 제품을 제공하는 것에 대한 어려움을 자세하게 살필 것이다. 대중에게 제품을 전해줄 적절한 소매경로를 찾는 것은 언제나 쉽지 않다. 나아가 대중 마케팅과 마찬가지로 이는 항상 새롭게 생각해야 할 것이다.

소매업체들의 책무는 명확하다. 소매업체들은 지금까지 대중시장을 성공하게 만들었던 요소로 증명된 장점들(접근성, 선택, 서비스 등 고객이 직면하고 있는 특징들과 공급사슬 효율성과 같은 운영의 특징들)을 보존하는 한편, 보다 다양하고 고급스런 고객 니즈를 충족시켜야 한다. 이는 점포 구색을 보다 뛰어나게 하고, 고객이 이용하기 쉬운 장소에 점포를 두고, 부유한 고객들에게 다양한 제품을 제공하고, 직접적으로 호소하는 것을 의미한다.

가장 기본적인 차원에서 고소득층을 대상으로 구색을 맞추는 점포들이 있다. 기업 자체를 '고소득층 할인점'으로 특징짓는 데 주력했던 타깃 스토어만큼 부유한 소비자들의 마음을 사로잡으려고 노력한 양판점은 없을 것이다.

이 양판점의 마케팅 활동은 다른 할인점들에 청사진을 제공했다. 매장에 적절한 주방 및 가정용 제품라인을 출범시키기 위해 이 양판점은 캘팔론과 웨이벌리와 같이 명성이 뛰어난 브랜드와의 협상에 전념하는 한편, 유럽풍의 고급 제품을 유치하기 위해 유명 디자이너(유명한 마이클 그레이브스와 필립 스탁)를 채용했다. 이 같은 전략에 힘입어 도시의 부유한 이들과 성공한 이들은 자주 매장을 찾아와 쇼핑했다.

소비자들은 소득이 높으면 높을수록 월마트나 K마트와 같은 할인매장보다는 이 양판점에서 쇼핑하기를 좋아했다. 최근 CNN USA 투데이 갤럽 여론조사에 따르면 1만 6,000달러 이하의 소득자들인 경우 16퍼센트만이 이 양판점에서 쇼핑을 하지만, 7만 5,000달러 이상의 연간 소득자들인 경우는 47퍼센트가 이 양판점에서 쇼핑을 한다고 알려졌다.

이에 대해 월마트는 텍사스 주 플래노와 조지아 주의 알파레타 교외에 있는 매장에 신선한 식료품, 미식가 디저트, 디지털 카메라, 그리고 14캐럿짜리(10캐럿짜리보다는 고급인) 금 장신구 같은 제품을 추가 디스플레이하는 것으로 대중적 부유층을 겨냥한 마케팅에 조심스럽게 대응하고 있다.

점포 구색을 업그레이드하는 것 이상으로 일부 소매업체들은 매장 안에 작은 규모의 매장들을 다양하게 배치함으로써 보다 부유한 고객들이 활용할 수 있는 공간을 만들었다. 이의 대표적인 사례로 일반 매장과는 사뭇 다르게 유명 브랜드를 판매하는 매장을 배치함으로써 델컴퓨터와 제휴한 시어스의 결정을 들 수 있다. 시어스는 또한 최근에 인수한 의류 라인인 랜즈 엔드를 고가의 여성의류 매장 형태로 도입했다.

전체 매장과 함께 자신만의 특별한 쇼핑몰을 제공해주는 것처럼 부유한 고객들을 사로잡는 데 가장 효율적인 전략은 없을 것이다. 부동산 개발업체인 포그앤맥이웬Poag & McEwen이 건설한 '라이프스타일 센터'에 가면 이 같은 개념이 무엇인지 직접 체험할 수 있다. 라이프스타일 센터는 복합건물로 옥외 쇼핑, 최고급 매장, 매장 가까이에 있는 주차장을 특징으로 한다.

라이프스타일 센터는 전형적인 쇼핑몰과 비교해서 규모가 작기 때문에 주거지역 가까이에 위치할 수 있다. 또한 미적인 면에서 볼 때에도 교외의 중심지에 있는 월마트와 같이 사방이 벽으로 둘러싸인 요새 같은 창고형 할인매장과는 큰 차이가 난다. 세련된 조경 및 건축미에 힘입어 이 쇼핑센터는 고급 제품을 판매하고 있다는 인상을 강하게 심어준다.

이러한 복합 건물들이 넌지시 비치는 이미지만큼 고객의 마음을 사로잡는 것도 없다. 복합건물이 주는 이미지는 쇼핑센터라는 개념을 거부하기 때문이다. 이들의 전략은 대중을 화려한 쇼핑 공간으로 꾀어들이는 것(뛰어난 사례로는 미네아폴리스에 있는 몰 오브 아메리카)이 아니라 친숙한 환경에 있는 지역의 대중을 타깃으로 삼는 것이다. 이렇게 해서 라이프스타일 센터를 들르는 고객들은 한 달 평균 5회를 방문하는데, 이는 일반 쇼핑몰에 가는 고객들이 한 달 평균 3회를 방문하는 것과 비교된다. 더욱 중요한 것은 라이프스타일 센터 고객들은 일반 쇼핑몰 고객보다 50퍼센트를 더 소비한다는 것이다.

윌리엄스-소노마, 포터리반, 콜드워터 크릭과 같은 매장들은 매출 실적이 매우 높다. 핵점포와 다양한 식당, 스파 등 포그앤맥이웬 센터와 같은 지역에 있는 매장들이 1평방미터당 300달러 이하의 매출을 올리는 데 반해 이곳은 1평방미터당 평균 397달러 이상의 매출을 올리고 있다(500달러의 매출을 올리는 매장도 있다).

대중시장으로 손을 뻗는다는 것은 적절한 소매경로를 갖춘다는 것과 관련이 있다. 하지만 이는 이전의 유명한 광고 방법(상업적 목적의 슬로건 제작, 매체 구매, 수요를 자극하는 쿠폰 발행)과도 관련이 있다. 이는 마케팅과 기술이 개별 고객들의 수준까지 파악하는 이 시대에 케케묵은 것으로 여겨지는 대중 마케팅의 양상에 지나지 않는다. 마케팅 통념 또한 비용효과 면에서도 뒤떨어지고, 다양한 소비층을 향한 메시지 전달도 가능하지 않다고 말한다. 각종 매체가 분열되고 증가함에 따라 소비자들은 광고를 거의 믿지 않고, 기술적인 면과 심리적인 면에서도 점차 영악해지고 있다. 우리는 기업의 직접 마케팅, 쌍방 마케팅, 심지어 퍼미션 마케팅까지 생성되는 것을 보아왔다. 그렇다면 부유층 고객 기반에 '대중' 광고를 해볼 수 있을까? 그 답은 물론 '가능하다'이다.

 하지만 광고의 계획은 대중적 부유층의 현실에 상당히 부합해야 한다. 대표적인 예로 캡티베이트 네트워크를 들 수 있다. 이 기업은 대중적 부유층이 살고 있는 곳에 직접 파고들어가 그들에게 영향을 미쳤다. 좀 더 자세히 말해, 이 기업은 고층 빌딩에 있는 엘리베이터에 평면 TV 스크린을 설치해서 주요 미디어와 기업 파트너의 프로그램(예를 들어 뉴스 주요 기사와 일기예보)이 결합된 광고를 판매한다. 엘리베이터 안에서는 서로의 시선을 피하려 하는 사람들의 성향과 좁은 공간이라 잡지나 읽을거리에 집중하지 못하는 특징으로 인해 광고는 이들에게 상당히 반가운, 그리고 확실히 피할 수 없는 눈요깃감이 되었다.

 이러한 광고는 인구 통계학적으로 대중적 부유층이 증가하는 현실에 매우 적합하며 시의적절하다. 또 소비자들이 모처럼 휴식을 취하기 위해 집안에 있는 시간이 아니라 바삐 움직이는 시간에 그들에게 도달할 수 있다는 장점도 가졌다.

 바로 이것이 우리가 대중적 부유층을 위해 찾아낸 대표적인 대중광고 기술이다. 우리는 판매가 이루어지는 공간을 판매에 관련된 사람들, 그리고 인센티브를 창조적으로 변화시킴으로써 기업이 전통적인 대량광고 및 광고기법을 변혁한 기업의 모습을 목도해왔다.

 이를테면 조니워커는 소비자 그룹을 선택할 목적으로 블렌드 위스키 시음회를 개최했다. 이는 싱글 몰트 스카치가 기반을 넓혀감에 따라 조니워커가 직면하고 있는 마케팅의 어려움을 생각해볼 때 효과적인 전략이었다. 사실 광고만으로는 블렌드 위스키가 싱글 몰트보다 뛰어나다고 사람들에게 확신시킬 수 없었다. 그러나 강한 스코틀랜드 억양으로 소비자들의 두터운 신임을 받은 조니워커의 전문가들은 시음회를 통해 영향력을 행사하는 소비자 그룹을 알아볼 수 있었고, 이는 그 그룹의 사람들이 입소문을 내는 결과를 가져왔다.

파급 효과

이 논문에서 우리는 오늘날의 부유한 소비자층을 대상으로 마케팅하는 것과 관련해 다수의 제안을 내놓았다. 우리는 '대중'과 '부유'로 인해 수많은 기업들에 최대의 성장 기회를 제공해주는 새로운 소비자 시장의 등장을 자세하게 살폈다. 그리고 새로운 전략으로 실험해서 성공을 이룬 기업들이 주는 교훈을 이끌어냈다.

그렇다면 우리는 이제 편안한 마음으로 마케터들에게 이러한 광맥을 캐내기 시작하라고 강력하게 요구할 수 있는가? 기업에 소비자의 수중에 돈을 남기지 않을 정도로 판매의 귀재가 되라고 가르치는 것에서 어떤 영예라도 얻을 수 있다는 것인가? 세계적인 부자나 그러한 부자에 가까운 사람들 중 보다 많은 사람들이 수입의 많은 부분을 사회에 환원한다면, 그것은 좋은 일인가?

그렇다. 당연히 좋은 일이다. 이 점에 약간이라도 의심이 든다면 노스웨스턴 대학에서 수행한 새로운 연구를 찾아보도록 하라. 우리는 이 연구에 의해 다시 용기를 가지게 되었다. 그 대학의 경제학자인 키미노리 마쓰야마는 최근에 기업의 수입 분포가 선진 사회의 대중 소비에 미치는 영향을 환상적으로 분석한 결과를 책으로 출간했다. 그의 저작은 시장에서의 2개의 선순환은 대중 소비에서 효과적이라는 사실을 보여준다. 첫째는 파급효과이다. 파급에 의해 가격 하락(증가된 생산성, 학습곡선 개선 및 규모 효율성에서 비롯된)이 이어지고, 그에 의해 수요가 늘어나고 계속해서 소득이 적은 소비자들의 접근이 늘어난다. 예를 들면 DVD 플레이어는 이제 199달러에서 무려 39달러로 떨어져 대부분의 소비자들이 손쉽게 구입할 수 있게 되었다.

경제의 효용성에 동등하게 중요한 또 하나의 파급효과가 있다. '파급'은 제품의 가격이 떨어짐에 따라 처음 출시된 제품을 사기 위해 돈을 많이 소비했던 부유한 소비자들이 결국 저렴해진 달러 형태의 보너스를 경험하게 된다는 사실을 가리킨다.

그들은 주머니에 있는 달러로 아무나 구매할 수 없는 시기에 새로운 고가의 물건을 구매할 수 있다. 그리고 다른 구매자들이 이어서 가격을 떨어뜨리고, 전체 사이클을 다시 한 번 새롭게 하면서 기업이 경쟁과 혁신으로 나갈 수 있게 만든다. 따라서 여유분으로 가지고 있는 달러는 경제의 폭발적인 팽창을 자극한다.

하지만 키미노리 마쓰야마는 지금과 같이 소득이 일정한 방식으로 분포될 경우에만 이러한 것이 가능하다고 이론화한다. 그림 4-1 '대중적 부유층 등장'에서 보이는 일종의 가늘어지는 비탈이 없다면 결과에 격차가 심하게 나타나고, 도미노는 쓰러지지 않는다. 떨어져 있는 시장들은 소득 범위의 최정상과 바닥에만 형성될 수 있고, 혁신은 시장 전체의 흐름에서 배제된다.

대량소비 경제에서 소득의 범위곡선이 부드러워지면 부드러워질수록, 또 지속적이면 지속적일수록 그만큼 혁신 흐름은 가장 낮은 소득자들에게로 부드럽게 내려간다. 키미노리 마쓰야마는 이렇게 말한다.

소득 분포는 지나치게 동등해서도 안 되고, 지나치게 불평등해서도 안 된다. 그것이 지나치게 동등하면 (혁신 및 소비 흐름) 프로세스는 시작되지 않는다. 이와 반대로 그것이 지나치게 불평등하면 프로세스는 조속하게 정지된다.

혁신 흐름에 참여하는 사람들 모두가 혜택을 주장한다. 일부 사람이 배제되거나 손을 떼기만 해도 전체 시스템은 혼란을 겪는다. 대중은 국가 수입의 49퍼센트를 차지하고 있지만, 이 중 37퍼센트만을 소비할 뿐이다. 지금이 소비자들을 그들의 원래 자리로 돌아가게 할 때다.

5

수익에 유리한 제휴 · 합병의 기술

제프리 다이어
Jeffrey H. Dyer

프라샨트 케일
Prashant Kale

하비어 싱
Harbir Singh

요약 | 수익에 유리한 제휴·합병의 기술

합병과 제휴는 성장전략의 두 기둥이다. 하지만 대부분의 비즈니스는 이 2가지를 성장 목표를 달성하는 대안 메커니즘으로 여기지 않는다. 그 결과 기업은 제휴해야 했을 기업을 인수하고, 인수해야 했을 기업과는 제휴를 하는 등 인수합병과 제휴를 혼동한다.

왜 기업들은 방향을 정하기 전에 합병과 제휴의 상대적인 장점과 단점들에 대해 좀 더 심사숙고하지 않는 것일까? 그 이유는 간단하다. 2가지 전략은 여러 가지 면에서 다르다. 합병은 시장의 가격과 위험에 기초해볼 때 경쟁적 성격을 띤다. 이에 반해 제휴는 협력적이고 교섭이 가능하며, 위험도 적다.

기업은 규모를 늘리거나 비용을 줄이기 위해, 또 파트너십을 이용해서 새로운 시장과 세분화된 고객 시장 및 지역에 진입하기 위해 습관적으로 제휴와 합병을 취한다. 이때 한 기업이 경험한 최초의 제휴 또는 합병은 자주 판단을 저해하는 요소로 변하곤 한다. 한두 차례 제휴를 훌륭하게 해낸 기업은 합병을 요구하는 상황에도 제휴할 가능성이 높다. 조직의 장애물 또한 인수합병에 방해가 된다. 대다수 기업의 경우 재무 책임자에게 보고하는 인수합병 팀이 합병을 다루고, 독립된 비즈니스 개발 팀은 제휴를 다룬다. 두 팀은 서로 다른 위치에서 업무를 수행하고 경쟁심을 품은 채 각자의 전문 영역을 고수하려고 한다. 이런 상황에서 기업이 2가지 전략의 장단점을 파악하기란 결코 쉽지 않다.

하지만 가까운 장래의 상황에 가장 적합한 것이 어떤 것인지를 결정하기 위해 두 전략을 비교한다면, 전혀 다른 결과를 도출할 수 있다. 합병과 제휴를 적절하게 이용한 시스코와 같은 기업은 경쟁사들보다 훨씬 빠르게 성장했다. 다시 말하면 기업은 3가지 요인, 즉 기업이 원하는 자원과 시너지, 기업이 경쟁하는 시장, 기업의 협력적인 역량을 분석함으로써 합병과 제휴 중 선택을 보다 쉽고 체계적으로 할 수 있다.

수익에 유리한 제휴·합병의 기술

　기업의 전략 핵심에는 어려운 문제로 가득한 딜레마가 놓여 있다. 성장을 실현하고 유지하는 일이 갈수록 어렵다는 사실을 알게 되면서 기업은 판매, 수익, 그리고 주가를 끌어올리기 위해 합병과 제휴를 선택한다. 이러한 현상은 선진국에서 두드러지게 나타난다. 일례로 미국의 기업들은 1996~2001년 동안 7만 4,000건의 합병과 5만 7,000건의 제휴를 선언하는 등 엄청난 합병과 제휴의 물결을 만들어냈다. 6년이라는 기간 동안 CEO들은 다소 과장하면 매일, 매 시간을 합병이나 제휴 서류에 서명했다. 그로 인해 총합병 비용은 12조 달러에 이르렀다. 그 이후 합병과 제휴의 속도는 느려졌다.

　시장 조사기관인 톰슨 파이낸셜에 따르면, 2002년 미국 기업들은 7,795건의 합병과 5,048건의 제휴만을 맺었을 뿐이다. 2000년 1만 2,460건의 합병과 1만 349건의 제휴를 맺은 것과 비교하면 상당히 적은 수치다. 하지만 기업들이 고성장을 기대하고, 그에 대한 방안으로 합병과 제휴를 고려하면서 또다시 높은 수치를 기록했다. 2003년, 기업들은 전년에 비해 보다 많은 합병(8,385건)과 제휴(5,789건)를 맺었다.

그러나 문제는 대부분의 합병과 제휴가 실패한다는 것이다. 소수만이 성공할 뿐이다. 평균적으로 합병은 주주가치를 떨어뜨리고 제휴는 보통 주주들에게 매우 적은 이익을 안겨준다. 경영전략 분야의 전문 학술지인 『전략적 경영 저널』에 게재된 최근의 연구들에 따르면, 기업의 주가는 합병을 발표한 후 10일 동안 0.34~1퍼센트 정도 떨어진다. 합병 대상 기업의 주가는 평균 30퍼센트 올라간다. 이는 이 기업들의 주주들이 가치의 대부분을 실현하고 있다는 점을 말해준다. 와인과 달리 합병은 시간이 지날수록 좋아지지 않고 나빠지는 경우가 대부분이다.

『저널 오브 파이낸스』에 기고된 연구에 따르면, 합병 기업들은 합병이 종료되고 5년 후 10퍼센트 정도의 손실을 겪는다. 또한 제휴의 40~55퍼센트가 조기에 엇나가고, 쌍방 모두 재정적인 손실을 입는다. 1993~1997년까지 200개의 기업이 맺었던 1,592건의 제휴를 분석한 결과, 그중 48퍼센트가 제휴를 맺고 24개월도 채 지나지 않아 실패로 끝났다. 이에 대한 증거는 상당히 많다. 다임러크라이슬러의 합병이든 디즈니와 픽사의 제휴이든, 협력관계는 종종 잘못된 이유들로 인해 세간의 화제가 된다. 확실히 기업은 여전히 합병과 제휴를 제대로 다루지 못하고 있다.

그렇다면 우리가 제대로 보지 못하고 있는 것은 무엇인가? 30년 이상 학자들과 컨설턴트들은 합병과 제휴를 연구하고, 다른 어떤 주제보다도 이에 대해서 엄청나게 많은 글을 썼다. 기업이 합병을 제대로 '파악'할 수 있도록, 그리고 제휴에서 '승리'할 수 있도록 그들은 게임이론부터 행동과학에 이르기까지 모든 것을 응용했다. 나아가 제대로 다루기 어려운 합병이나 제휴를 올바르게 실행한 기업들에 대해 칭찬을 아끼지 않았다.

경영진이 원천적으로 동일한 열망을 가지고 합병과 제휴를 추진하더라도, 그중 소수만이 합병과 제휴를 기업의 성장 목표를 달성하는 대안 메커니즘으로 볼 수 있을 뿐이다.

우리는 20년 이상 합병과 제휴를 연구하는 한편, 발표부터 통합 혹은 실효에 이르기까지 몇 건의 합병과 제휴를 꾸준히 관찰해왔다. 연구 결과, 대부분의 기업은 하나의 전략을 선택하기 전에 2가지 전략을 세세하게 비교하지 못한다는 사실이 밝혀졌다(표 5-1 참조). 이들은 합병과 제휴를 혼동한 결과, 협력했어야 할 기업은 인수하고, 매입했어야 할 기업과는 제휴를 맺었다.

여전히 기업들은 합병과 제휴의 상대적인 장단점에 대해 심사숙고하지 않는다. 이 2가지 전략은 여러 면에서 서로 다르다. 합병은 시장의 가격과 위험에 기초해볼 때 경쟁적이며, 위험하다. 이에 반해 제휴는 협력적이고 교섭이 가능하며, 위험도 적다. 기업은 규모를 확대하거나 비용을 줄이기 위해 파트너십을 이용해서 새로운 시장, 고객 세분화 시장 및 지역에 진입하기 위해 습관적으로 제휴나 합병을 취한다.

이때 한 기업이 경험한 최초의 제휴 또는 합병은 종종 판단을 저해한다. 한두 차례 제휴를 훌륭하게 성취해낸 기업은 합병을 요구하는 상황에서도 계속해서 제휴를 고집한다. 조직의 장애물 또한 인수합병에 방해가 된다.

대부분의 기업에서는 재무 책임자에게 직접 보고하는 인수합병 팀이 합병을 다루고, 비즈니스 개발 책임자나 부사장이 책임을 지고 있는 독립된 사업 팀이 제휴를 다룬다. 두 팀은 서로 다른 위치에서 업무를 수행하고 약간의 경쟁심을 품은 채 각자의 전문 영역을 고수하려고 한다. 이런 상황에서 기업이 두 전략의 장단점을 파악하기란 결코 쉽지 않다. 다른 기업을 인수하거나 다른 기업과 제휴를 맺는 시기와 관련해서 적절한

표 5-1 실행 vs. 공표

인수 및 제휴를 동일한 성장 목표를 성취하는 2가지 다른 방법으로 생각합니까?	그렇다: 82%, 그렇지 않다: 18%
당신의 기업이 마지막 제휴를 했을 때, 인수를 실행하기 위한 대안으로 제휴를 생각했습니까?(혹은 이미 제휴했다면 제휴를 지속하려고 생각했습니까?)	그렇다: 24%, 그렇지 않다: 76%
당신의 기업은 잠재적인 파트너와의 제휴와 인수 간의 선택에 대한 구체적인 정책 가이드라인이나 기준을 개발해왔습니까?	그렇다: 14%, 그렇지 않다: 86%

2002년, 우리는 인수와 제휴에 대해서 경영진이 어떻게 생각하는지, 그리고 그들이 이를 위해 실제로 무엇을 했는지를 알기 위해 미국의 200개 기업을 대상으로 조사를 실시했다.

지식이 없어 실패한 세계적인 기업도 있다.

2001년 2월, 코카콜라와 P&G는 40개 이상의 브랜드를 관리하고 1만 명 이상의 직원을 고용해 40억 달러에 달하는 합작기업을 만들겠다고 발표했다. 코카콜라는 미닛메이드, 파이브얼라이브, 프룻토피아, 캐피, 카포, 손필Sonfil, 쿠우 브랜드를 합작기업에 넘기고, P&G는 음료 브랜드인 서니딜라이트와 푸니카, 그리고 프링글스를 넘기려 했다.

코카콜라는 새로운 음료를 개발하기 위해 P&G의 전문지식을 이용하고, P&G의 쇠약해가는 브랜드는 코카콜라의 세계적인 유통 시스템에 힘입어 활기를 되찾고, 합작기업은 5억 달러의 비용을 절감하며 힘차게 운영될 계획이었다.

하지만 제휴를 발표한 날, 코카콜라의 주가는 6퍼센트 떨어졌고, P&G의 주가는 2퍼센트 올라갔다. 투자자들은 왜 코카콜라가 급성장하는 시장 수익의 50퍼센트를 핵심 비즈니스에 취약한 경쟁사와 공유하려고 하는지 이해하지 못했다. 무언의 질문은 다음과 같았다. 코카콜라가 P&G의 음료기술과 브랜드를 원했다면 왜 그것들을 매입하지 않았을까? 코카콜라와 P&G가 동일한 문제를 의식하고 이를 수용하기까지는 그리 오랜 시간이 걸리지 않았다. 코카콜라와 P&G는 2001년 7월 제휴관계를 끝냈다.

다른 대표적인 사례로 인텔을 들 수 있다. 인텔은 무선 전화기의 칩을 제조하는 DSP 커뮤니케이션스를 16억 달러에 인수했다. 인수를 통해 인텔은 무선통신 시장에 진입하기는 했지만, 인수가 체결된 날부터 3일 동안 주가가 무려 11퍼센트나 떨어졌다.

투자자들은 인텔이 DSP 주식에 지불한 40퍼센트의 프리미엄을 염려했다. 규모가 큰 기업이 규모가 작은 첨단기술 기업을 인수하면 대개 기술은 급속히 퇴화되고, 첨단기술 기업의 직원들은 퇴사를 하는 경향이 있다. 이 요인들은 보통 합병 후에 상처를 입힌다. 아니나 다를까 인텔이 DSP를 흡수 합병했을 때, 인텔은 DSP 대부분의 핵심 직원들과 DSP의 가장 큰 무선 고객인 교세라를 잃었다. 인텔은 2003년까지 6억 달러에 달하는 영업권을 변제해야 했다.

그렇다면 인텔은 처음부터 DSP와 제휴를 맺음으로써 무선방송 전파를 시험했어야 했는가? 우리는 기업이 잠재적인 파트너와 제휴를 맺어야 하는지, 아니면 인수해야 하는지를 체계적으로 결정하는 데 도움이 되는 기본 틀을 개발해왔다. 연구 결과, 이 같은 옵션을 결정하기 전에 경영진은 반드시 3가지 요인을 분석해야 한다는 사실이 밝혀졌다. 3가지 요인은 다음과 같다. 기업이 원하는 자원과 시너지, 기업이 경쟁하는 시장, 기업이 가진 역량이 그것이다. 물론 성장하기를 원한다면 기업은 합병과 제휴를 성공적으로 실행하는 능력을 개발해야 한다. 그러나 전략의 실행 시기를 아는 것이 전략을 어떻게 실행할 것인지를 아는 것보다 강력한 경쟁우위를 가져올 수 있다.

자원과 시너지

'자원'과 '시너지'는 합병이나 제휴의 사전에서 가장 남용되는 개념이다. 하지만 기업들은 자원을 결합함으로써 만들어지는 시너지 효과로 수익을 얻기 위해 협력한다. 이때 기업은 다양한 종류의 자원, 즉 인적자원(지적 자본), 무형 자원(브랜드 이름과 같은), 기술 자원(특허권과 같은), 물리적 자원(공장, 물류 네트워크 등), 그리고 금융 자원을 모두 고려한다. 합병과 제휴 사이에서 선택해야 할 때, 기업은 핵심 자원과 관련된 문제를 자세히 살핌으로써 프로세스를 시작해야 한다.

시너지 유형

기업은 각기 다른 자원을 결합하고 맞춤화함으로써 3가지 유형의 시너지를 만들어낸다. 이 자원의 결합이나 자원 의존성은 기업들 간 다양한 차원의 협력을 요구하고, 여러 가지 형태의 협력으로 귀결된다.

먼저 자원은 독립적으로 관리하고 보다 큰 수익을 위해 결과만을 공유할 경우, 기업들은 모듈 방식의 시너지를 만들어낸다. (시너지는 독립적이다. 독립적인 자원들이 모듈 방식으로 시너지를 만들어내기 때문이다.) 호텔이 고객에게 항공사 마일리지를 제공한다고 하면 항공사와 호텔 체인은 고객에게 약간의 혜택을 제공하면서 상호 간의 이익을 도모한다. 따라서 항공사와 호텔 체인은 고객들의 다양한 결정을 통해 서로 윈윈하게 된다. 보통 기업들은 비지분 제휴가 모듈 시너지를 만들어내는 데 탁월하다는 사실을 알고 있다. 예를 들면 정보기술 산업에 있는 다른 기업들과 마찬가지로 HP와 마이크로소프트는 규모가 작은 고객과 규모가 큰 고객들을 위한 기술 솔루션을 만들어내기 위해, 저마다 기업의 시스템 통합과 기업 소프트웨어 기술을 공동으로 이용하는 비지분 제휴를 맺었다.

둘째, 한 기업이 자사의 업무를 완료하고 그 업무 결과를 파트너 기업에 이전해서 계속 진행하게 한다면 기업들은 순차적인 시너지를 얻을 수 있다. 이러한 경우, 두 기업의 자원은 순차적으로 서로에게 의존성을 가진다. 예를 들면 애브제닉스처럼 신약 개발을 전문으로 하는 생명공학 회사가 아스트라제네카처럼 FDA 승인 절차에 정통한 제약업계의 거대기업과 협력하기를 원하는 경우, 두 기업은 순차적 시너지를 추구하는 것이다. 조직들의 업무 전달이 원활하게 이루어지기를 원할 경우, 기업은 각 자원을 어느 정도 맞춤화해야 한다.

우리의 연구에 따르면 순차적 시너지는 파트너들 간 매우 세심하게 확인할 때, 혹은 지분 기반 제휴를 맺는 엄격한 계약서에 파트너들이 기꺼이 서명할 때에만 생길 가능성이 크다.

셋째, 서로 긴밀하게 협력하고 지식 공유 프로세스를 통해 반복적으로 업무를 실행해야 호혜적인 시너지가 만들어진다. 기업들은 자원을 결합해야 할 뿐만 아니라 자원들을 호혜적으로 상호 의존하도록 만들기 위해 상당한 자원을 맞춤화해야 한다. 이 같은 시너지를 원하는 기업은 제휴보다 합병을 취하는 것이 좋다. 1990년대 중반, 엑손과 모빌은 경쟁에서 이기려면 연구 및 석유탐사부터 마케팅 및 물류에 이르기까지 가치사슬의 거의 모든 부분에서 보다 효율적인 시스템을 갖춰야 한다는 사실을 깨달았다. 두 거대기업은 모든 자산 및 기능을 결합함으로써 이를 실현할 수 있었고, 결국 1999년 합병을 선택했다.

자원의 성격

전략을 세우기 전에 기업은 제조공장과 같은 하드 자원이나 인력과 같은 소프트 자원을 결합함으로써 원하는 시너지 효과를 만들어낼 수 있는지의 여부를 확인해야 한다. 시너지 효과를 가져오는 자원이 하드한 경우에는 인수가 더 뛰어난 전략적 선택이 된다. 하드 자산은 값을 계산하기 쉽기 때문이다. 그리고 기업은 하드 자산을 통해 비교적 신속하게 시너지 효과를 볼 수 있다.

2000~2002년 동안에만 20건의 합병을 하고, 지난 40년간 150개의 기업을 합병함으로써 주택 자재 비즈니스에서 꾸준히 성장해온 매스코의 사례를 살펴보자. 매스코는 합병 이후 규모의 경제를 만들어내기 위해 합병한 기업의 제조 역량을 신속하게 강화하고, 기업의 원자재 구매를 결합하고, 물류 네트워크를 합병했다. 이 같은 3가지 프로세스를 반복적으로 사용함으로써 매스코는 오랫동안 수익을 실현했다.

기업들이 인적 자원을 서로 결합함으로써 시너지 효과를 만들어야 하는 경우, 합병을 피하고 제휴하는 것처럼 좋은 것도 없다. 연구 결과, 합병된 회사의 직원들은 약탈 기업의 이익을 위해서는 일하려 하지 않고, 자유를 잃었다고 생각하기 때문에 비생산적이 된다는 점이 밝혀졌다. 사실 대다수 직원들이 합병 이후 자진해서 퇴사한다. 2건의 연구 결과, 소프트 자산을 가지고 합병한 기업은 3년 정도가 지나면 하드 자산을 가지고 합병한 기업보다 더 많은 가치를 잃었다.

이 같은 사례는 부지기수다. 네이션스뱅크(현재 뱅크-아메리카)가 몽고메리 증권을 합병 대상으로 택했을 때, 합병 프로세스는 상업 은행과 투자 은행 간의 문화와 보상의 차이점을 전혀 고려하지 않는 실수를 저질렀다. 그 결과 합병된 기업의 핵심 직원들은 퇴사하고, 네이션스뱅크는 합병으로 인한 이익을 전혀 누리지 못했다.

한편 기업의 지분 제휴는 직원들과 관련이 있는 소프트 자원 협력의 합병보다 뛰어난 선택일 수 있다. 기업은 인적자원을 지분 참여로 끌어들여 파트너 기업의 행동을 관리할 수 있고, 성과를 확인할 수 있으며, 두 기업의 이익을 보다 밀접하게 관리할 수 있다. 이는 또한 합병으로 인해 직원들이 적의를 품고 대거 사퇴하는 비극을 피할 수도 있다. 물론 기업이 파트너 기업의 핵심 직원들을 설득해서 일부 주식을 팔 수 있다면 두 기업은 시너지 실현이 보다 쉽다는 사실을 알게 된다. 이 경우 기업과 직원 모두 공동의 목표를 위해 헌신하게 된다.

중복된 자원의 규모

기업이 다른 기업과 협력을 고려할 경우, 자신들이 책임지게 될 중복 자원의 양이 어느 정도인지를 반드시 평가해야 한다. 이 기업들은 잉여 자원을 이용해서 규모의 경제를 만들어낼 수 있거나 이 같은 자원을 없앰으로써 비용을 절감할 수 있다. 중복 자원이 엄청나게 많을 경우 기업들은 인수나 합병을 선택해야 한다. 합병을 통해 경영진은 두 기업의 의사결정을 철저하게 관리할 수 있고, 중복되는 자원을 손쉽게 제거할 수도 있다.

예를 들어 HP와 컴팩 합병의 중요한 동인으로 가장 먼저 자원 중복을 꼽을 수 있다. HP와 컴팩은 관리, 구매, 제조부터 제품 개발 및 마케팅에 이르기까지 가치사슬 전체에서 중복 자원을 제거할 수 있다는 데 의견을 같이했다. 그들의 목표는 2003년 회계연도 기준으로 20억 달러를 절감하는 것이었다. 만약 HP와 컴팩이 제휴를 했다면 이 같은 성과를 달성할 수는 없었을 것이다.

요약하자면 호혜적인 시너지 효과를 원할 경우 하드 자산, 소프트 자산에 상관없이 엄청난 양의 중복 자원을 가지고 있다면 기업은 이를 인수합병의 관점에서 생각해야 한다. 기업이 스펙트럼의 극단에서 순차적인 상호 의존성의 시너지 효과를 원하고 대부분의 소프트 자산을 결합하는 경우, 지분 제휴가 최고의 성과를 불러오는 선택이 될 수 있다.

그리고 기업이 모듈 방식의 시너지나 순차적 시너지 효과를 원할 경우, 그리고 시너지 효과를 불러올 자산들이 제조공장처럼 대부분 하드한 경우에는 계약상의 제휴를 선택할 수 있다. 일례로 토이저러스는 최고의 장난감을 개발하는 노하우를 가지고 있었고, 아마존은 장난감 판매에 뛰어난 온라인 판매와 주문 대응 기술을 가지고 있었다. 두 기업이 하드 자산을 통한 순차적 시너지 효과를 원했기 때문에 이들 간 계약상의 제휴는 두 기업 모두에 긍정적으로 기능했다. 보다 자세한 내용은 표 5-2를 참조하라.

시장 요인들

다수의 기업은 협력 결정을 내적인 문제라고 생각한다. 이런 기업들은 전략을 선택하기 전에 종종 외부 요인들을 고려하지 않는 실수를 저지른다. 그 결과 기업은 시장의 힘에 의해 희생된다. 설령 외부 요인들을 다루기가 어렵더라도 기업은 시장의 불확실성, 극심한 경쟁과 같은 외부 요인들을 반드시 고려해야 한다.

불확실성의 정도

경영진은 기업들 간에 이루어지는 협력이 본래 위험하다는 사실을 잘 알고 있다. 그러나 기대감에 부풀어 기술이나 정보가 급변하는 기업들 간

표 5-2 인수합병과 제휴 간의 선택

성장전략으로서 협력을 추구할 때, 기업을 인수할 것인지 아니면 제휴를 맺을 것인지를 결정하기에 앞서 경영자들은 몇 가지 핵심 요인을 세심하게 분석해야 한다. 결합하기로 계획한 자원의 종류와 만들어내고자 하는 시너지 유형, 그리고 이들이 직면하고 있는 시장과 경쟁 요인들을 결정해야 한다. 경영자들은 이러한 기본 틀을 이용해서 상황에 가장 적합한 전략 옵션을 선택할 수 있다. 이때에는 산업에 따른 요소들의 중요성에 따라 각각의 요소를 평가해야 한다. 어떤 산업이든 의사결정을 하게 될 때는 기업이 이미 가지고 있는 협력 역량이 고려되어야 한다.

요인	전략
① 시너지 유형 · 모듈 방식 · 순차적 방식 · 상호적 방식	· 비지분 제휴 · 지분 제휴 · 인수
② 자원의 성격 − 하드 자원에 대한 상대적인 소프트 자원의 가치 · 낮음 · 낮음/중간 · 높음	· 비지분 제휴 · 인수 · 지분 제휴
③ 중복 자원 정도 · 낮음 · 중간 · 높음	· 비지분 제휴 · 지분 제휴 · 인수
④ 시장 불확실성 정도 · 낮음 · 낮음/중간 · 높음	· 비지분 제휴 · 지분 제휴 · 인수
⑤ 경쟁 정도 − 자원에 대한 경쟁 정도 · 낮음 · 중간 · 높음	· 비지분 제휴 · 지분 제휴 · 인수

에 이루어지는 협력이 더욱 불확실한 결과를 초래한다는 사실을 깨닫지 못하는 경우가 많다. 특히 미래의 수익 분배 가능성을 잘못 평가할 때 위험은 더 따른다. 분배의 범위가 넓으면 넓을수록 그만큼 위험도 같이 높아진다. 미래의 수익을 평가할 수 없을 때도 불확실성은 위험으로 존재

한다. 수익이 있을 것인지의 여부를 알지 못하고, 수익이 어디에서 오는지를 알지 못하고, 수익이 어떻게 실현되는지를 알지 못한 채 기업은 특히 소규모 기업들이나 다른 기업들과 어떻게 협력할 것인지를 결정할 수밖에 없다.

인수나 제휴를 시행하기에 앞서 기업은 협력의 결과를 둘러싸고 있는 불확실성을 2가지 요소로 나누어야 한다. 먼저 경영진은 잠재적인 파트너와 논의하고 있는 기술이나 제품과 관련된 불확실성을 평가해야 한다.

첫째, 특정 부품이 뛰어난 기능을 할 것인지 확신할 수 있는가? 그것이 기존 및 잠재적인 경쟁사보다 기술적으로 뛰어난가? 둘째, 소비자들이 기술이나 제품 및 서비스를 사용할 것인지, 그리고 소비자가 이를 자연스럽게 받아들이는 시간이 어느 정도 소요될 것인지를 평가해야 한다. 기업은 이 질문에 대한 답(혹은 답의 부재)을 바탕으로 협력의 최종 결과를 둘러싸고 있는 불확실성의 정도가 낮은지, 높은지 혹은 그 중간에 있는지를 평가할 수 있다.

협력의 결과가 불확실하다고 평가될 경우, 기업은 파트너 기업을 인수하기보다는 비지분 제휴 또는 지분 제휴를 맺어야 한다. 제휴는 기업의 노출을 제한하고, 인수할 경우보다 비용과 시간의 투자를 줄일 수 있기 때문이다. 협력의 결과가 긍정적이면 기업은 제휴를 맺을 수 있고, 필요하다면 인수합병을 할 수도 있다.

그러나 결과를 확신하지 못할 경우, 기업은 제휴에서 손을 뗄 수 있다. 이때 기업은 돈과 명성을 잃을 수도 있겠지만, 인수가 실패함으로써 잃게 될 비용에 비하면 아무것도 아니다.

누구도 로켓 과학처럼 정확하게 사업의 결과를 예측할 수는 없다. 하지만 이는 기업의 사활이 걸린 매우 중요한 문제이다. 우리의 연구 결과,

소수의 기업만이 이 같은 규칙을 고수하기 위해 충분히 교육을 받는다는 점이 드러났다.

1999년 6월, 로슈는 응고 용해제인 TPA를 개발한 제넨테크를 21억 달러에 인수했다. 그러나 이 약품은 그때까지 임상 연구를 완료하지도, FDA 승인을 받지도 못한 상태였다. 로슈는 제넨테크가 약품에 대한 승인을 신속하게 받아내고, 전 세계 유통망을 통해 판매하는 데 협력할 것이라고 생각했다. 6개월간 수행된 연구 결과, 로슈가 1회분당 2,200달러의 가격을 매긴 TPA가, 1회분당 200달러에 판매되는 훼이스트의 스트렙토키나제와 약효가 거의 같다는 사실이 밝혀졌다. 이로 인해 로슈의 희망은 무너졌다. TPA는 연간 2억 달러의 매출을 올리는 약품으로 성장했지만, 로슈가 지불한 블록버스터 투자금에는 결코 미치지 못했다. 이 사례는 약품 개발 프로세스에서 기술 불확실성이 매우 높다는 것을 보여준다. 로슈는 제넨테크를 매입하지 말았어야 했다.

그러나 모든 기업이 이 같은 실수를 저지르지는 않는다. 2001년 9월, 브리스톨 마이어스 스큅BMS은 임클론을 인수하는 대신 지분 20퍼센트를 10억 달러에 매입했다. 그 대가로 BMS는 임클론에 그들의 항암 치료제인 어비턱스Erbitux에 대한 마케팅 권리와 연간 수익의 40퍼센트를 주기로 약정했다. 거래에 따르면 BMS는 임클론의 핵심 제품들이 약품 승인 프로세스를 통과하면 8억 달러 이상을 투자하기로 되어 있었다. 그러나 2001년 12월, 어비턱스가 FDA의 데이터에 '심각하게 불충분한' 것으로 나타나 승인이 거부되자, 임클론의 주가는 2주도 채 지나지 않아 60달러에서 25달러로 곤두박질쳤다(그리고 월스트리트에 있는 사무실과 교외의 가정들이 주가 하락의 충격으로 뒤흔들렸다). 두 기업은 곧바로 재협상에 들어갔고, BMS는 투자액을 줄였다. 임클론과 제휴하지 않고 임클론이 요구한 대로 50억 달러에 이 회사를 인수했다면, BMS의 장부에는 6억 5,000만 달러가 아닌 35억 달러의 적자가 기록되었을 것이다.

경쟁의 힘

성공적인 인수합병 시장이 있다고 하자. 그렇다면 인수합병을 시도하기 전에 잠재적인 파트너 기업에 눈독 들이는 경쟁사가 있는지를 확인하는 것이 현명하다. 몇 개의 기업이 하나의 기업을 인수하려 할 때, 기업은 경쟁사를 따돌리기 위해 대상 기업의 인수를 성급히 결정할지도 모른다. 하지만 결과의 불확실성이 높을 경우 기업은 인수를 피해야 한다. 협력의 결과를 평가해서 불확실성이 어느 정도 가라앉은 다음, 미래에 상당한 지분을 차지하게 되는 제휴를 우선 고려해야 한다.

일례로 인수를 위해 화이자가 워너램버트와 어떻게 제휴했는지 살펴보자. 1996년 6월, 화이자는 워너램버트가 개발한 콜레스테롤을 감소시키는 신약인 리피토의 마케팅 협력을 워너램버트에 제안했다. 리피토는 몇 가지 기술적인 면에서 경쟁 제품들보다 뛰어났다. 하지만 리피토는 타 제품에 비해 시장에 늦게 진입했다. 의사들과 소비자들은 그 범주에 있는 다른 4가지 제품을 사용하고 있었다. 그들이 리피토를 곧바로 받아들일지의 여부는 확실하지 않았다. 그러나 화이자는 기술에 대한 확신과 시장의 불확실성을 종합적으로 판단했을 때 제휴가 가장 합리적이라는 결론을 내렸다. 화이자의 마케팅 통찰력과 유통 시스템에 힘입어 리피토는 출시 첫해에 10억 달러의 매출을, 그리고 1999년에 30억 달러의 매출을 올리는 대박상품이 되었다.

1999년 11월 화이자가 보다 긴밀하게 워너램버트와의 공조 가능성을 고려하고 있을 때, 화이자의 최대 경쟁사인 아메리칸 홈프로덕츠와 워너램버트는 놀랍게도 720억 달러의 합병을 발표했다. 그 다음 날, 화이자는 워너램버트에 800억 달러를 제시했다. P&G 역시 아메리칸 홈프로덕츠와 워너램버트를 인수할 계획으로 경쟁에 뛰어들었지만 투자자들이 분노의 반응을 보이자 물러섰다. 워너램버트를 둘러싼 아메리칸 홈프로덕츠와 화이자의 경쟁은 몇 주에 걸쳐 치열하게 벌어졌다. 그러나 리피토를 마케팅한 화이자와 워너램버트의 제휴, 화이자가 획득한 비용절감 기회, 그리고 화이자의 약품인 노바스크를 리피토와 결합시킨 결과물에 힘입어 화이자는 아메리칸 홈프로덕츠에 비해 뚜렷한 경쟁우위를 가지게 되었다. 2000년 2월, 결국 화이자는 워너램버트를 1,000억 달러에 매입하면서 이 전투에서 승리했다.

협력 역량

인수나 제휴를 관리했던 경험은 다른 선택에도 반드시 영향을 미친다. 일부 기업은 수년에 걸쳐 인수나 제휴를 관리할 능력을 개발해왔고, 이러한 능력을 핵심 역량으로 여긴다. 기업은 특별 팀을 만들어 목표를 확인하고, 목표에 값을 매기거나 협상하거나 실사를 다루고, 거래가 이루어진 다음에 일어나는 문제점들을 처리한다. 이들은 경험을 통해 해야 할 일과 하지 말아야 할 일들을 배워왔고, 경영진이 특정한 인수나 제휴 업무를 관리하는 모델을 만들어왔다.

뿐만 아니라 이 기업들은 경영자의 거래 관련 기술을 보다 정교하게 만들어주는 공식적·비공식적 교육 프로그램을 개발해왔다. 특히 GE 캐피털, 시만텍, 뱅크원은 인수 역량을 구축해왔고, HP, 시벨, 일라이 릴리는 제휴 역량을 체계적으로 구축했다.

기업은 정통한 전략을 사용해야 한다. 그 전략이 협력 작업 기회를 개선하기 때문이다. 그러나 전략의 특화는 문제를 야기한다. 망치를 가진 기업들은 모든 대상을 못으로 보는 경향이 있기 때문이다. 대부분의 기업들이 제휴나 인수 기술을 개발해왔기 때문에 이 기업들은 정통한 것에만 전념한다. 설령 그 전략이 적절하지 못하고, 잘못된 선택을 하게 되더라도 기업은 그들이 선호하는 전략에만 매달리는 우를 범한다.

기업은 인수와 제휴를 다루는 뛰어난 기술을 개발함으로써 이러한 실수를 예방해야 한다. 하지만 이는 말처럼 쉽지 않다. 코닝의 경우를 살펴보자. 코닝은 수십 년에 걸쳐 제휴 관리 능력을 개발해왔다. 1990년대 코닝은 인수를 이용해 이동통신 분야로 확장했다. 그러나 코닝은 즉시 몇 가지 어려움과 상당한 비판에 직면했다. 제휴와는 달리 인수를 다룬 경험이 없었기 때문이다.

많은 실수를 범하더라도 협력을 선택하고 결정하는 일을 습관적으로 하지 않았다면 코닝은 올바른 궤도에서 벗어나지 않았을 것이다. 사실 우리의 연구 결과, 시스코와 같은 기업이 보여주듯이 인수 및 제휴에 능숙한 기업들은 그들의 경쟁사보다 훨씬 빠르게 성장한다는 사실이 밝혀졌다.

인수를 통한 시스코 성장 사례

시스코가 인수를 통해 성장을 꾀하고 있다는 사실을 모르는 사람은 거의 없다. 네트워킹 업계의 거대기업인 시스코는 지난 10년에 걸쳐 36개 기업을 인수해서 성공적으로 흡수 합병을 이뤄냈다. 그러나 대부분의 사람들이 모르는 사실은 시스코가 같은 기간에 100개 이상의 기업과 제휴를 맺고, 그 관계를 성공적으로 관리했다는 것이다. 1993년~2003년까지 성장전략에 힘입어 시스코의 매출은 매년 평균 36퍼센트, 시가총액은 매년 평균 44퍼센트 성장했다. 거의 모든 기업들이 실패하는 상황에서 시스코는 어떻게 성공한 것인가?

중요한 요인은 시스코에는 합병 및 인수, 전략적 제휴, 기술 교육을 책임지고 있는 사업개발 담당 수석 부사장이 있다는 것이다. 시스코에서는 한 사람이 3가지 기능을 담당하기 때문에 내부적으로 각각의 대안을 세밀히 살필 수 있고, 목표를 실현하기 위한 종합적인 검토가 가능하다. 실행 가능한 옵션이 없을 시에는 제휴나 인수를 고려한다. 시스코의 사업개발 담당 수석 부사장인 댄 셰인만은 우리에게 이렇게 말했다. "우리는 사내 개발, 인수 또는 제휴를 선택합니다. 어떤 시점에 이르면 나는 적절한 전략이 어떤 것인지를 결정해야 합니다."

전략을 결정해야 할 때 댄 셰인만은 그와 함께 합병 및 인수와 제휴를 책임지고 있는 2명의 부사장에게 협력을 요청한다. 이러한 팀은 인수 및 제휴를 실행할 능력을 다양한 방법으로 개발해왔다. 보통 시스코는 대상 기업이 시스코의 핵심 제품들에 필요한 중요한 기술을 가지고 있는지의 여부를 평가한다. 시스코의 기술과 결합되었을 때 대상 기업의 기술은 고객이 지금, 그리고 앞으로 요구할 해결책을 제공해야 한다. 그럴 가능성이 있는 경우 시스코는 대상 기업을 곧바로 인수한다.

그러나 시가총액 180억 달러에 달하는 시스코는 대상 기업의 시설과 인력이 인접해 있을 경우에만 그 기업의 기술을 흡수할 수 있다고 생각한다. 시스코는 직원들을 재배치해야 하는 거래를 거부한다. 그런 경우 보통 직원들은 이사를 가기보다는 퇴사하기 때문이다. 따라서 시스코는 자사에서 어느 정도 가까운 거리에 있지 않은 기업은 좀처럼 매입하려 하지 않는다.

기술을 둘러싼 불확실성이 심하거나 기술이 중요하지 않을 경우 시스코는 인수를 위한 발판으로 제휴를 이용한다. 시스코 인수의 약 25퍼센트는 소규모의 지분 투자로 시작된다. 이렇게 함으로써 시스코는 일부 대상 기업을 선정해 제품 개발을 가속화하고, 기술 경쟁에 대한 여러 가지 옵션을 살펴보고, 인수가 제대로 이루어질 것인지를 결정하기 위해 기업을 평가한다.

또 시스코는 12~18개월에 걸쳐 파트너들과 신뢰를 구축한 다음에야 함께 일할 수 있는지를 결정한다. 시스코는 지분 관계에 힘입어 보다 신속하게 움직임으로써 경쟁사들을 따돌리고, 적절한 시기에 기업을 인수한다. 확실히 시스코는 인수 및 제휴를 제대로 이용해왔다. 그들은 어떤 전략을 이용할 것인지를 결정하게 해주는 뛰어난 프로세스를 개발해왔기 때문이다.

결론을 내리기 위해 처음으로 돌아가 2건의 거래, 즉 코카콜라와 P&G의 제휴, 그리고 인텔의 DSP 인수 사례를 살펴보자. 이 기업들은 우리의 기본 틀을 이용한 기업들처럼 제휴 및 인수를 원활하게 활용했는가? 코카콜라와 P&G의 경우 두 기업은 중복 자원이 상당히 많았고, 하드 자원을 통한 호혜적 시너지 효과를 기대했다. 우리의 기본 틀에 따르면 이러한 상황에서는 인수가 가장 적절한 방법이다.

일용품의 경우 시장 불확실성이 비교적 낮다. 하지만 경쟁은 높을 것이다. 우리의 기본 틀은 경쟁사가 강력하고 불확실성이 낮을 때는 인수가 최선책이라고 말한다. 코카콜라는 합작기업보다는 P&G의 건강 음료 부문을 인수했어야 했다.

인텔이 DSP를 인수했다 하더라도 두 기업은 모듈 방식의 시너지 효과를 내기를 원했다. 인텔의 마이크로프로세서와 DSP의 무선 칩 비즈니스 간에는 자원의 상호 의존도가 적절했기 때문이다. 나아가 DSP의 자원은 인력이 대부분이었다. 우리의 기본 틀에 따르면, 소프트 자원이 관계될 때는 인수의 적절성을 신중히 따져봐야 한다. 더욱이 인텔과 DSP는 자원 중복이 적었고, 기술이 매우 불확실했다. 인텔은 인수의 도약대로 사용할 수 있도록 우선 DSP의 자산 기반 제휴를 맺었어야 했다. 인수보다는 제휴가 효과적이었을 것이라는 점을 간과하는 바람에 인텔은 엄청난 손실을 겪었으며, 한 수학자는 이에 대해 "이렇게 될 수밖에 없었다"라고 말했다.

6

수익성 높은 고객을 획득 · 유지하는 방법

재클린 토머스
Jacquelyn S. Thomas

베르너 라인알츠
Werner Reinartz

V. 쿠마르
V. Kumar

요약 | 수익성 높은 고객을 획득·유지하는 방법

기업은 직접 마케팅에 수십 억 달러를 쓴다. 하지만 방대한 데이터 수집 등 수시로 사용할 수 있는 분석도구를 가지고 있는데도, 이들 기업들은 여전히 직접 마케팅 투자를 최적화하는 데 어려움을 겪고 있다.

다수의 마케터들은 찾는 비용과 유지하는 비용이 적게 드는 고객을 유치함으로써 비용을 최소화하려 애쓴다. 이와 달리 될 수 있는 한 많은 고객을 얻고, 고객을 오랫동안 유지하려고 애쓰는 마케터들도 있다. 하지만 고객은 이들의 수익성을 높여주기 위해 충성스러울 필요가 없다고 생각한다. 다수의 충성스런 고객은 대부분 수익성이 없는 고객이다. 따라서 기업은 프로세스 각각의 단계에서 성과 측정을 최대화하려고 애쓰기보다는, 직접 마케팅을 수익 창출의 단일 시스템으로 볼 때 보다 많은 것을 얻을 수 있다.

ARPRO(Allocating Resources for Profits: 수익을 위한 자원 할당)라는 분석도구는 직접 마케팅 투자에 따른 기업의 고객 풀이 수익성에 얼마나 영향을 끼치는지를 평가할 수 있는 회귀 분석도구이다. 이미 수집한 데이터와 더불어 이 분석도구는 경영자들에게 고객 획득과 유지에 얼마나 많은 비용이 소요될 수 있는지, 그리고 경영자들이 여러 가지 직접 마케팅 경로에 할당해야 하는 자금의 비율이 어느 정도인지를 보여준다. 이 분석도구를 이용하면 기업은 수익성의 차원에서 약간의 일탈도 많은 비용을 유발한다는 사실을 알 수 있다.

한 카탈로그 소매업체에 이 모델을 적용한 결과, 마케팅 비용의 10퍼센트 감축으로 인해 장기 고객을 통해 누리던 수익이 180단 달러 감소되었다는 사실이 밝혀졌다. 이와 반대로 B2B 서비스 제공업체는 마케팅 비용의 69퍼센트를 줄임으로써 평균 고객 수익성을 42퍼센트 증가시켰다. 중요한 것은 이 분석도구가 전체 투자에 대해 최적액을 발견하는 것보다 고객 획득과 고객 유지의 투자 간 최적의 균형을 찾는 것이 더 중요할 수 있다는 사실을 보여준다는 점이다.

수익성 높은 고객을 획득·유지하는 방법

　기업은 매년 잠재적 고객을 대상으로 하는 직접 마케팅과 기존 고객과의 관계 유지에 수십억 달러를 소요한다. 시간이 갈수록 기업은 소비자 인구통계 및 소비행동과 관련해 풍부한 데이터를 모아주는 기술에 힘입어 각 개인을 분석하고 관리의 주요 단위로 만들 수 있다. 이러한 데이터로 무장한 기업들은 (특정한 제품을 구매하고자 하는 사람들을 목표로 하거나, 현재 고객들이 구매할 가능성이 높은 추가 품목들을 제안하는 것으로) 기업의 메시지를 조정할 수 있다. 동시에 다수의 경로를 통해 소비자에게 다가갈 수 있는 관련 기술을 이용하면서, 잠재적 수익성을 증가시키는 등 기업은 마케팅 커뮤니케이션의 전체적인 효율성을 개선할 수 있다.

　지난 10년에 걸쳐 소매, 제약, B2B 서비스처럼 다양한 영역에 걸쳐 있는 기업들은 직접 마케팅의 규모를 확장하고 발전 속도를 높여왔다. 또한 개별 고객들을 정확하게 확인하고 관리하는 데 일조하는 분석도구들을 발전시켜왔다. 대표적인 분석도구로는 이익 도표, 반응 분석, RFM(최근성recency, 빈도frequency, 금액monetary) 모델, 의사결정 트리, 의사결정 계산법 등이 있다. 이러한 새로운 분석도구들은 마케팅 투자의 효율성을 개선하는 데 큰 도움이 되었다.

독일의 함부르크에 소재한 세계 최대의 통신판매업체인 오토 페어잔트는 특별히 이러한 분석도구를 유용하게 사용해왔다. 이 기업은 충분한 데이터가 주어지면 어떤 한 사람이 특정 우편물에 반응할 것인지의 여부에 대해 거의 80퍼센트 정도 정확하게 예측할 수 있다. 이러한 역량에 힘입어 이 기업은 상당한 경쟁우위를 가지게 되었다. 2003년, 오토 페어잔트는 매우 열악한 소매 환경에서도 북미에 있는 자회사인 크레이트 앤 배럴(소매 및 통신판매)의 매출을 12퍼센트, 곧 8억 6,500만 달러로 성장시킬 수 있었다. 또한 스페인 의류 소매업체인 자라와의 합작 사업에서도 자사의 강력한 고객목표 기술을 이용함으로써 독일 시장에서 70퍼센트의 매출 신장을 실현했다.

그러나 이 같은 성공에도 불구하고 우리의 경험적 증거에 따르면, 다수의 기업은 여전히 직접 마케팅 투자로 고투하고 있다. 최근의 연구에서 우리는 잘 알려진 세 기업의 마케팅 예산을 분석했다. 또한 통신판매 업체인 한 기업에서 고객 1인당 31퍼센트의 마케팅 투자비 감소가, 평균 고객 수익성을 약 29퍼센트 증가시켰다고 평가했다. 또한 우리는 연평균 투자를 69퍼센트 감소시킨 두 번째 기업(B2B 서비스 제공업체)이 평균 고객 수익을 42퍼센트 증가시켰다는 사실을 알았다. 이와 반대로 세 번째 기업인 거대 제약회사는 고객 1인당 직접 마케팅 투자비를 연평균 31퍼센트 증가시켰는데, 평균 고객 수익성은 36퍼센트 개선되었다.

이 기업들은 왜 이렇게 표준에서 벗어나는가? 직접 마케팅 투자를 결정할 때, 지나치게 많은 마케터들이 수익성이 높지 않은데도 획득하고 유지하기에 비용이 적게 드는 고객을 추구하는 등 여전히 장기적인 수익보다는 단기간의 비용을 강조한다. 고객 획득과 유지를 독립적으로 최대화하는 것은 수익을 최대화하지 못한다. 공급사슬과 마찬가지로 프로세스 각각의 단계에서 성과 측정을 최대화하려 애쓰기보다는 수익을 실현하는 유일한 시스템으로 직접 마케팅을 선택하고 투자할 때 기업은 보다 많은 것을 얻어낼 수 있다. 그러나 여기에는 몇 가지 기술적 어려움이 있다.

 기업이 가진 고객 풀의 잠재적인 수익성을 평가하기 위해 기업이 의존하는 데이터는 기업이 이미 확보한 고객들에 편향되어 있다. 우리는 이러한 문제점에 대해 경영자들이 기업의 마케팅 비용과 노력을 얼마나 많이, 어디에 소요할 것인지를 결정하는 통합된 접근방법의 분석도구를 제시할 것이다. 경영자들은 이러한 분석도구를 통해 기업이 이미 수집한 데이터를 이용하면서 직접 마케팅에 얼마나 많은 비용을 소요하는지, 고객 획득과 유지에 전념하는 수치는 어느 정도인지, 그리고 이들이 각각의 고객으로부터 수익을 얻기 위해 직접 마케팅 경로에 할당해야 하는 자금의 수치는 어느 정도인지를 알 수 있다.

수익성 있는 고객과 수익성 없는 고객

 우리 경험으로 보면, 대부분의 기업은 주요한 마케팅 성과 매트릭스로서 여전히 고객 획득 비율(직접 마케팅 노력의 목표와 실제로 고객이 된 사람들의 비율)과 고객 유지 비율(기업과 고객 관계를 지속하는 비율)을 사용한다. 이 변수들이 이해하기 쉽고 추적하기 쉬운 것도 이유가 되겠지만, 다른 한편으로는 기업이 시장점유율이라는 문제에 대해 강박관념에 사로잡혀 있기 때문이다.

 물론 일부 비즈니스의 경우, 이 변수들은 성과를 간접적으로 보여준다.

이에 대해 대표적인 사례로 정기 구독자 수에 기반한 잡지를 들 수 있다.

대부분의 산업에서 전체적인 성과의 척도로서 고객 획득과 고객 유지 비율을 사용하는 것은 여러 가지 이유로 위험하다. 가장 높은 비율을 올리는 것에만 집중하면 마케터들은 수확 체감의 법칙을 간과하게 된다. 불가피하게 일정한 점을 넘어서는 고객 획득 또는 고객 유지 비용은 소비자를 통한 매출을 넘어선다. 이 점을 넘어선 후에 고객 획득 비율이나 고객 유지 비율을 증가시키면 기업은 수익성만 낮추게 될 뿐이다. 마케팅 부서가 이처럼 때늦은 판단으로 종종 유지비용을 다루고 있다는 점은 놀라운 사실이다.

기업은 이러한 첫 번째 함정 트랙이 두 번째 함정 트랙으로 넘어가는 것을 경계해야 한다. 우리는 보통 기업의 경영자들이 현재의 고객 획득 및 유지에 지나치게 집중하고, 고객의 장기적인 가치에 대해서는 충분히 집중하지 않는다는 사실을 알게 되었다. 사실 다수의 마케터들은 기본적으로 개인 고객이 만들어내는 매출을 무시한다. 그들은 고객 획득 및 유지의 어려움과 비용만을 기준으로 삼아 명시적 또는 암묵적으로 고객을 4개의 그룹으로 세분화한다.

첫 번째 그룹은 쉽게 획득하고 유지할 수 있는 고객 그룹이다. 두 번째 그룹은 획득하기는 어렵지만 유지하기 쉬운 고객 그룹이다. 세 번째 그룹은 획득하기는 쉽지만 유지하기는 어려운 고객 그룹이다. 마지막 네 번째 그룹은 획득하기도, 유지하기도 어려운 고객 그룹이다.

이러한 접근방법의 결과는 단번에 알 수 있다. 판매 직원들과 관리자들이 매우 쉽게 만족하는 사람들을 목표로 삼을 경우, 결국 획득과 유지가 용이한 고객의 수는 다른 그룹 고객들과 불균형을 이루게 된다. 현대 기술에 힘입어 마케터들이 개인 고객의 니즈를 정확하게 확인할 수 있듯, 현대 기술은 이 같은 일이 일어날 가능성을 높인다.

모든 고객이 동등하게 수익성이 있거나 고객 획득 및 유지 비용이 엄청난 고객을 유치해 수익성의 주요한 결정 인자가 된 경우에 이는 문제가 되지 않는다. 하지만 통신판매 소매업체가 제공한 상세한 고객 데이터를 연구했을 때 그 수치가 전혀 다르다는 것을 확인할 수 있었다.

우리는 3년에 걸쳐 동일한 지역에 있는 기업과 관계를 맺기 시작한 고객들의 행동을 추적했다. 각각의 고객이 어떤 그룹에 속하는지, 각각의 고객을 획득하고 유지하는 데 얼마나 많은 비용이 소요되는지, 그리고 각각의 고객 그룹이 기업의 이익에 얼마나 기여하는지 조사했다. 고객을 4개의 그룹으로 세분화할 때, 우리는 고객 획득비용과 고객 유지비용의 중간에 '낮고' '높은' 정도를 결정하는 구분선을 그렸다(그림 6-1 참조).

우리가 예상했듯이 가장 큰 그룹(32퍼센트)은 획득하기 쉽고 유지하기 쉬운 고객들로 이루어졌다. 하지만 이들은 전체 수익성의 20퍼센트만을 차지할 뿐이다. 가장 크게 수익에 기여하는 그룹은 가장 작은 그룹, 곧 획득하는 데는 비용이 많이 들지만 유지하는 데는 비용이 적게 드는 고객 그룹이다. 이들은 전체에서 15퍼센트를 차지하지만 수익의 40퍼센트를 책임지고 있다. 그 다음으로 수익에 크게 기여하는 그룹은 수익의 25퍼센트를 차지하지만 겉으로 보기에 다루기 힘들고 획득 및 유지하기에도 어려운 그룹으로, 이들은 고객 전체에서 28퍼센트를 차지한다. 가장 수익이 적은 고객은 획득하기는 쉽지만 다루기는 어려운 고객 그룹이다. 모든 고객 가운데 25퍼센트 정도가 이 범주에 속하지만, 전체적으로 이들은 수익의 15퍼센트만을 책임질 뿐이다.

이러한 사실은 이 기업에만 유일하게 적용되는 것이 아니다. 거의 모든 기업의 경우 비록 수익 및 고객 분포는 다양하겠지만, 수익성이 있는

그림 6-1 비용이 수익을 만들어내는가?

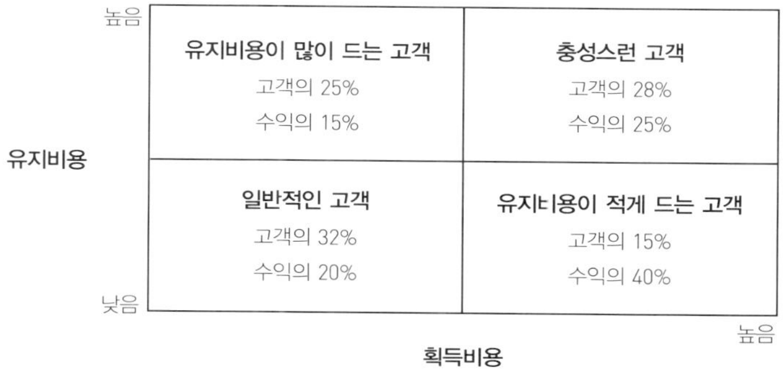

	획득비용 낮음	획득비용 높음
유지비용 높음	유지비용이 많이 드는 고객 고객의 25% 수익의 15%	충성스런 고객 고객의 28% 수익의 25%
유지비용 낮음	일반적인 고객 고객의 32% 수익의 20%	유지비용이 적게 드는 고객 고객의 15% 수익의 40%

고객 획득비용이 적게 든다는 이유만으로 그들이 수익성이 있다고 판단해서는 안 된다. 우편주문업체가 그들의 고객들이 만들어낸 수익을 고객들을 획득 및 유지하기 위해 소요된 비용과 노력에 연결시켜본 결과, 이러한 사실을 확인할 수 있었다.

고객들은 4개의 세분화 그룹에 속할 것이다.

확실히 쉽게 획득하고 쉽게 유지할 수 있는 고객들에만 집중하는 기업은 자원을 효율적으로 할당하지 않는다. 고객 획득 및 유지 비용과 노력은 이들이 고려해야 하는 다수의 요인들 가운데 하나일 뿐이다. 이는 신뢰할 수 있는 데이터가 다른 변수들에 존재하지 않기 때문이 아니다. 사실 고객 데이터는 현재 매우 풍부해서 경영자들은 오토 페어잔트와 같은 기업의 경영자가 하듯이 고객의 잠재적 충성도와 수익성, 그리고 이에 따른 고객 획득 및 유지 비용 할당을 정확하게 예측할 수 있다.

다수의 기업은 이 같은 두 번째 함정에서 종종 세 번째의 세밀한 함정(고객 확보 및 유지를 독립적인 활동으로 다루고, 2가지 비율을 올리려고 애쓰는)으로 떨어지는 것을 피할 정도로 충분히 현명하다. 이들의 마케팅 예산이 다른 요인들에 의해 제지당하지 않으면 이러한 기업들은 거의 확실하게 2가지 활동에만 지나친 투자를 하게 된다. 가장 가능성 있는 고객들을 획득하려 애쓰는 가운데 이 기업들은 수익성은 없지만 충성스러운 일부 고객들을 유치하거나, 아니면 이와 반대로 매우 수익성이 높지만 절대로 충성스럽지는 않은 다른 고객들을 유치하게 될 것이다.

  이 같은 고객들을 유지하는 데 노력이 집중될 경우, 기업은 충성스럽지만 수익성이 없는 고객 그룹을 유지하기 위해 돈을 낭비할 뿐만 아니라, 수익성이 있는 일시적인 고객 그룹을 추구하기 위해 비용을 헛되이 쓰게 될 것이다. 무엇보다도 나쁜 것은 소중한 자금이 획득하기는 어려우나 잠재적으로 매우 수익성이 높은 고객들을 유치하는 데 쓰이지 못할 것이라는 점이다.

  간단히 말해 고객 획득 및 유지, 수익성 관리를 하나로 통합하는 것이 가장 좋다. 그러나 최종적(그리고 극복할 수 없는 것처럼 보이는)으로 기술적인 문제가 가로막고 있다. 거의 모든 경우, 고객 수익성과 직접 마케팅 투자를 연결시키기 위해 뛰어난 직접 마케터들이 사용하는 모델은 통계학자들에게는 선택 편향으로 알려진 모델인 경우가 많다.

  연구자들이 전체 모집단을 진정으로 대표되지 않는 하나의 표본으로 사용할 때 선택 편향이 일어난다. 하나의 표본이 편향되면 그것에서 추론된 모든 관계가 오도될 수 있다. 가령 분석가들은 마케팅 맥락에서 선택 편향으로 인해 마케팅 활동이나 고객 특징이 고객의 행위에 미치는 영향을 잘못 예측할 수 있다.

  이 경우 마케팅 투자 결정을 잘못할 우려가 있다. 또한 대부분의 직접 마케터들은 고객과 수익의 관계를 드러내기 위해 실제 고객들(가능성 있는 고객들의 전체 풀의 하위 그룹에 속하는)에 대한 데이터에만 지나치게 의존하기 때문에 고객 획득과 유지 및 수익의 관계를 평가하기 위한 필요성을 잘못 판단하게 된다. 따라서 이들은 획득하는 데 실패한 고객들의 잠재력을 간과하거나, 자신들이 이미 가지고 있는 수익성 낮은 고객에게 지나치게 투자하게 될 것이다.

수익을 위해 자원을 할당하기

수익을 위한 직접 마케팅을 관리하기 위해서는 마케터들이 고객 행동과 장기간의 수익 간의 진정한 관계를 드러낼 수 있도록 선택 편향을 피하는 접근방법을 취해야 한다. 우리는 ARPRO 모델이라고 부르는 접근방법이 이 문제를 해결할 것이라고 생각한다.

ARPRO는 고객 행동 관련 요인들로 구성된 함수로, '장기 총수익성'을 구할 수 있는 회귀 분석 도구이다.

물론 관련 요인들을 정확하게 확인하고, 모델의 다양한 방정식에서 요인들의 상대적 중요성을 정밀하게 결정하는 일은 쉽지 않다. 이상적으로 말해서 이 요인들은 3가지 유형의 데이터를 구성해야 한다. 첫째, 기업이 고객을 유치하고 유지하기 위해 하는 것, 둘째, 기업의 고객 풀의 인구 통계학적·심리학적인 설명 요인들, 셋째, 잠재적 고객들의 실질적 구매 행위(그들이 얼마나 많이 또 자주 구매하는지, 그리고 지갑 점유율 등)이다. 확실하게 요인을 분석해서 이용할 정보가 많으면 많을수록 그만큼 예측은 정확성을 띤다.

이 요소들 가운데 일부 요인, 일례로 고객을 획득하거나 유지하는 데 소요된 평균 비용은 직접 관찰되고 관리된다. 보다 복잡하고 상호 의존적인 다른 요소들은 요인들 자체의 회귀 분석을 통해 평가될 수 있을 뿐이다. 특히 기업과 고객과의 관계의 평균 지속기간은 부분적으로 고객 유지 노력에 들인 양을 의미한다. 일단 이 요소를 구성하는 모든 요소들이 평가받고 가중치 계수들에 대한 평가가 이루어진 다음에는, 어떤 가치가 최적의 고객 수익성을 가져오는지를 살펴보기 위해 이들이 조절하는 요소들의 양을 바꿔 집어넣음으로써 경영자들은 모델을 조작할 수 있다.

앞서 설명한 것과 같은 고객 획득, 고객 유지 및 수익성을 결정하는 요인들의 통합된 회귀는 불가피하게 선택 편향 문제를 겪는다. 통합된 회귀는 장래 고객의 전체 모집단의 대표 데이터가 아니라 유지되는 고객들로부터의 데이터에 기초하기 때문이다. 이러한 편향을 교정할 목적으로 우리는 노벨상 수상자인 시카고 대학의 경제학 교수 제임스 헤크먼이 실업 데이터 표본 편향을 교정하기 위해 수행한 연구에서 차용한 '람다'라는 통계 교정 메커니즘을 도입했다.

고객 정보와 마찬가지로 실업 데이터는 잠재적 선택 편향 성향을 많이 띤다. 실업 데이터는 일을 하기로 선택한 사람들의 집단에서만 취하기 때문이다. 이러한 교정 절차 덕분에 우리는 현재 한 기업이 유지하고 있는 고객에 대한 데이터에서 비롯된 선택 편향을 없애고 고객 획득 및 유지, 그리고 수익성에 대한 통합된 회귀 모델을 구축할 수 있었다.

ARPRO 모델이 어떻게 기능하는지를 자세하게 설명하기 위해 우리는 매우 단순화된 가설 사례를 살펴볼 것이다. 이 가설에서 기업의 장기간 총고객 수익성은 오직 그 기업이 고객을 획득하고 유지하기 위해 얼마나 많은 비용을 소요했는지, 그리고 얼마나 오래 되었는지에 기초한 관계의 지속기간에 의해서만 결정된다. 심지어 이처럼 가장 단순화된 사례에서도 지속기간은, 기업이 고객을 유지하는 데 얼마나 많이 투자했는지에 의해 결정되기 때문에 복잡한 요인이라 할 수 있다.

2009 01 (주)북이십일 도서목록

토머스 프리드먼

CODE GREEN 코드 그린
뜨겁고 평평하고 붐비는 세계

왕윤종 감수
최정임 + 이영민 옮김

가격 29,800원

경계를 허무는 컨텐츠 리더 21세기북스 전화 031-955-2100 홈페이지 www.book21.com

베스트셀러

설득의 심리학 ❶❷

설득의 심리학 ❶ – 로버트 치알디니 외 지음 | 이현우 옮김 | 값 12,000원
설득의 심리학 ❷ – 로버트 치알디니 외 지음 | 윤미나 옮김 | 값 12,000원

130만 독자를 사로잡은 '설득의 바이블'

'예스'는 정말 단순한 말이다. 하지만 동료, 고객, 소비자, 심지어 가족들에게 이 말을 듣기란 쉬운 일이 아니다. 적어도 설득 과정의 비밀을 알지 못한다면 거의 불가능하다. 이 책은 우리에게 강력하고 가치 있는 설득의 비밀을 알려주는 데 그치지 않고, 빠른 시간 안에 목표를 달성할 수 있도록 도와준다.

인문의 숲에서 경영을 만나다 ❶❷

정진홍 지음 | 각 권 15,000원

인문학적 깊이가 건널 수 없는 차이를 만든다!

인문학 정신의 울림이 인문의 숲에서 퍼져나가 우리의 삶과 기업과 국가의 미래를 바로 세울 수 있기를 간절히 바라는 마음으로 책을 낸 정진홍 박사. 이 책을 읽는 순간 인문을 향한 열정이 어떻게 남과 다른 나를 만드는지, 어제와 다른 오늘을 만들 수 있는지 깨달을 것이다.

읽는 CEO 시리즈

옛시 읽는 CEO – 고두현 지음 | 12,000원
시 읽는 CEO – 고두현 지음 | 12,000원
그림 읽는 CEO – 이명옥 지음 | 15,000원

비즈니스맨의 내일을 바꾸는 상상력 페스티벌

〈읽는 CEO〉시리즈는 CEO와 CEO를 꿈꾸는 대한민국 직장인들에게 자기계발과 문화예술이라는 서로 다른 분야의 결합을 통해 창조력과 상상력, 시대를 통찰하는 안목 등을 제공하는 고급 자기계발 교양서이다.

www.book21.com

나는 누구인가

리하르트 다비트 프레히트 지음 | 백종유 옮김 | 값 19,800원

철학의 진화, 생각의 첨단을 걷다!

철학에 관한 책은 많이 있다. 그러나 이 책은 지금까지 나왔던 책들과는 그 유형이 사뭇 다르다. 폭넓은 시야를 유지하면서도 전문적인 지식을 포기하지 않고 인생에 관한 철학적인 해법에 독자를 바짝 다가서게 만든다. 생각에 빠져드는 것이 곧 즐거움이 되고, 흥미를 더해 가며 끝까지 읽어낼 수 있는 이 책은 인생이란 모험과 그 안에 숨겨진 가능성들을 모두 보여주는 초대장이다.

칭찬은 고래도 춤추게 한다

켄 블랜차드 외 지음 | 조천제 옮김 | 값 10,000원

대한민국에 칭찬 열풍을 일으킨 화제의 책!

직장과 가정에 놀라운 변화를 이끄는 칭찬의 힘을 통해 성공적인 인간관계를 위한 기분 좋은 메시지를 전한다. 집안의 가장으로서, 회사의 간부로서 가족과 직원들에게 열정과 희망을 불러일으키고자 하는 사람들을 위한 훌륭한 지침서이자 안내서다.

육일약국 갑시다

김성오 지음 | 값 12,000원

사람을 낚는 마음경영의 힘

우리나라에서 가장 작은 4.5평의 약국을 마산의 랜드마크로 만들어낸 의지의 사나이 김성오. 600만 원의 빚으로 시작한 약국에서 시가총액 1조 원 기업체의 CEO가 되기까지 자신만의 독특한 경영철학으로 무일푼 성공신화를 이루어낸 그의 독창적 노하우을 밝힌다.

경제 · 경영

3년 후, 세계는 그리고 한국은

공병호 지음 | 값 12,000원

공병호의 미래 글로벌 키워드 13

금융자본주의에 대한 근본적인 회의와 함께 국가의 경제적 생존마저 불안한 대한민국의 현실은 실시간으로 터지는 위협적인 경제이슈들로 개인과 사회의 안정과 성장을 보장하기 어려운 실정이다. 이 책은 국가와 기업, 개인들의 현재와 미래에 영향을 미칠 수 있는 최근의 트렌드를 짚어보고 성장의 전환점이 될 3년 후를 전망한다.

미래 인재의 조건

공병호 지음 | 값 12,000원

미래 생존능력 지금 당장 개발하라

직장인 희망정년 57.5세, 그러나 직장인 스스로 느끼는 체감정년은 49.8세다. 그만큼 평생직장은 과거의 꿈일 뿐, 현실에서 미래를 바라보는 불안감은 상상 이상이다. 저자 공병호는 불안감을 해소하려면 부단한 자기계발이 최우선 되어야 한다는 점을 강조하면서 20여 년 동안 스스로 실천에 옮긴 '자기계발 실천 사례담'을 소개한다.

기업간 추격의 경제학

이 근 外 지음 | 값 15,000원

산업 경쟁구도를 바꾼 기업들의 추격과 방어전략

오로라월드, 홍진HJC, 락앤락, 쿠쿠홈시스…. 이들의 공통점은 후발주자로 업계의 선두를 앞지르고 시장을 석권했다는 사실이다. 이 책은 뛰어난 기술력과 아이디어, 탁월한 전략실행력으로 1위 기업을 따라잡은 이들의 추격과 방어전략을 실제 사례를 통해 심층적으로 분석한다. 선진기업을 추격하고 후발기업의 거센 추격을 막아야 하는 기업의 전략 및 혁신 책임자들이 꼭 읽어야 할 필독서!

www.book21.com

벤 버냉키의 선택

에단 해리스 지음 | 김원옥·박혜원 옮김 | 값 15,000원

최고의 경제예측가가 분석한 벤 버냉키와 FRB의 성패

전세계의 시선은 세계경제대통령, FRB의장 벤 버냉키에게로 쏠리고 있다. 한 치 앞을 내다볼 수 없는 세계 경제위기 속에서 버냉키와 FRB는 어떤 선택을 할 것인가. 미국경제가 본격적으로 후퇴기에 접어들었고 시장에 유례없는 불황이 찾아온 지금 그가 연구해온 주제는 역사적 사실이 아닌 현실이 되었다. 그의 본 무대는 지금부터다.

피터 드러커의 매니지먼트(전2권)

피터 드러커 지음 | 이재규 감수 및 해설 | 조성숙·이건·박선영 옮김 | 값 99,000원

피터 드러커가 남긴 가장 위대한 유산

현대경영학의 창시자, 피터 드러커의 위대한 경영사상을 재구성하고 집대성한 최대 역작이다. 경영자의 과업, 책임, 실제를 중심으로 조직을 경영하는 사람이라면 반드시 알아야 할 내용을 담고 있다. 초판이 출간된 지 30년도 더 지났지만, 지금 이 순간에도 전 세계 경영자들이 종교 경전처럼 곁에 두고 틈날 때마다 읽는 경영 바이블이다. 완역판 최초 발간!

대한민국 국가전략

박세일 지음 | 값 20,000원

일류 국가를 향한 위대한 비전과 전략

1996년 OECD에 가입한 지 10년도 더 지났지만, 대한민국은 여전히 선진국 문턱을 넘지 못했다. 1인당 국민소득을 위시한 경제력과 몇몇 통계 수치를 뛰어넘어, 진정한 의미의 선진국이란 어떤 국가인가. 또 우리는 어떻게 해야 하는가. 전편 『대한민국 선진화 전략』에 이어 자주적이고 창조적인 일류 국가로의 비전과 전략을 듣는 실천서!

경제 · 경영

권력의 조건

도리스 컨스 굿윈 지음 | 이수연 옮김 | 값 28,000원

오바마가 백악관에 성경과 함께 두고 싶은 책!

퓰리처상을 수상한 작가 도리스 컨스 굿윈은 10년간의 집중적인 저술을 통해 미국 역사에서 가장 존경 받는 대통령이자, 버락 오바마의 통합 정치 모델인 에이브러햄 링컨을 새롭게 조명했다. 저자는 링컨의 힘이 보수주의자로부터 극단적 급진주의자까지 모두 아우르는 포용력에서 기인한다고 봤다. 무명의 변호사 에이브러햄 링컨이 유망한 세 라이벌들을 어떻게 이겼고, 이후 그들과 어떻게 연합했는지를 통해 진정한 권력이란 무엇인지를 말하고 있다.

프레임

최인철 지음 | 값 10,000원

프레임을 바꾸면 인생이 확 바뀐다!

세상을 바라보는 마음의 틀, 프레임! 이 책은 우리가 세상을 어떤 틀로 바라보고 매순간 삶을 어떤 식으로 선택하는가에 대한 통찰력을 제시한다. 다양한 예제와 연구결과를 통해 보다 지혜로운 선택 방법이 무엇인지 알려준다. 또한 자신의 한계에서 벗어날 수 있는 지혜와 희망을 준다.

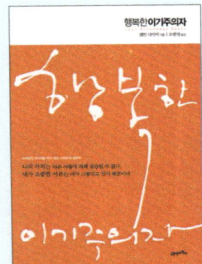

행복한 이기주의자

웨인 다이어 지음 | 오현정 옮김 | 값 10,000원

행복한 사람은 이기적이다!

행복한 사람은 먼저 자신을 사랑한다. 남보다 자신을 배려하고, 다른 사람의 눈치도 보지 않는다. 자신을 사랑함으로써 당당하고, 스스로를 인정함으로써 자유로운 그들이 바로 '행복한 이기주의자'다.

마이클 포터의 경쟁전략

마이클 포터 지음 | 조동성 옮김 | 값 28,000원

경쟁우위에 서기 위한 분석과 전략

경영전략 분야에 일대 변혁을 가져온 기념비적인 저작. 경쟁 패러다임, 산업구조 분석, 전략적 포지셔닝, 본원적 전략 등 지금도 널리 쓰이는 과학적 개념과 분석틀을 처음 제시했다. 복잡한 산업 경쟁을 5가지 요인으로 단순명료하게 정리한 산업 분석틀은 지금까지 개발된 분석 도구 중 가장 강력한 도구 중 하나다. 이 책은 출간 직후 유수의 경영대학원 커리큘럼과 크고 작은 기업에 경쟁적으로 도입되었다.

마이클 포터의 경쟁우위

마이클 포터 지음 | 조동성 옮김 | 값 42,000원

탁월한 성과를 지속적으로 창출하는 법

『경쟁전략』과 함께 경영전략의 바이블로 평가받는 저서. 『경쟁우위』는 탁월한 성과를 올리는 기업의 비밀을 밝힘으로써 기업이 지속가능한 경쟁우위를 획득하고 유지하려면 어떻게 해야 하는지를 제시한다. 영문판 30쇄 돌파, 세계 13개 언어로 출간된 이 책은 시간이 지나도 그 빛을 잃지 않는 고전 중의 고전이다.

마이클 포터의 국가 경쟁우위

마이클 포터 지음 | 문휘창 옮김 | 근간

국제적 경쟁력 강화를 위한 해법

『경쟁전략』『경쟁우위』가 기업 단위의 경쟁우위 창출과 유지를 위한 전략과 실행을 다룬 것이라면, 『국가 경쟁우위』는 국가 차원의 경쟁우위에 대한 분석과 해법을 제시한다. 이 책은 주요 10개국 연구를 통해 특정 국가의 특정 산업이 지속적으로 국제적 성공을 거둔 까닭을 밝힌다. 이 책이 화두로 제시한 국가경쟁력, 국가생산성, 다이아몬드 모델, 클러스트 등은 세계적으로 큰 반향을 불러일으켰다.

경제 · 경영

타이밍의 승부사

잭 슈웨거 지음 | 김태완 옮김 | 값 18,000원

주식·선물 시장의 선수들이
아마존에서 찾아서 읽던 책!

미국의 트레이더들은 물론 우리나라의 펀드매니저들 사이에서도 『타이밍의 승부사』는 투자의 바이블로 통한다. 미국 시장 수익의 대부분을 챙긴 소수의 대형 트레이더들의 투자 기법이 인터뷰 형식을 통해 명확히 소개되고 있다. 저자인 잭 슈웨거 역시 주식시장에서 성공한 데이 트레이더로서, 이 책에 소개된 18인의 트레이딩 기법의 핵심을 정확히 짚어내고 있다.

THE RICH(리치)

피터 번스타인 · 애널린 스완 지음 | 김명철 · 김고명 옮김 | 값 22,000원

이 시대 부자들의 진실을 밝힌다

경영 전문지 「포브스」에서는 해마다 미국 최고의 부자 400명을 선정해 '포브스 400'이란 타이틀로 발표한다. 이 책은 1982년부터 2006년까지 명단에 오른 1,302명의 부호들을 총망라해 그들의 재산은 얼마인지, 다양한 분야에서 어떻게 성공을 거두고 막대한 부를 쌓았는지, 또 그 부를 어떻게 증대하고 소비, 혹은 탕진했는지 상세히 보여준다.

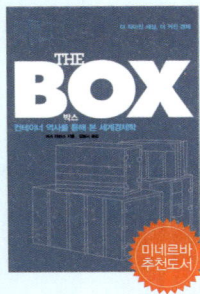

THE BOX(박스)

마크 레빈슨 지음 | 김동미 옮김 | 값 25,000원

컨테이너 역사를 통해 본 세계경제학

누구도 주목하지 않았던 컨테이너 박스가 인터넷에 비견되는 혁명적 도구란 사실에 착안해, 이를 경제학적으로 심도 깊게 파헤친 최초의 책. 세계경제의 혁신자이자 세계화의 촉진제로서 컨테이너 박스의 중요성과 영향을 밝혀낸다. 방대한 자료와 인터뷰를 근거로 컨테이너 박스의 탄생부터 오늘날에 이르기까지 파란만장한 스토리를 추적한다.

www.book21.com

부의 이동

그렉 클라이즈데일 지음 | 김유신 옮김 | 값 18,000원

부국으로 발전할 것인가, 빈국으로 전락할 것인가!

각국의 부가 어디로 이동하며 그 흐름의 핵심에 무엇이 있었는지를 보여주는 키워드는 바로 '화물cargo'이다. 고대부터 화물은 한 나라의 경제수준을 가늠케 하는 가시적인 지표였고, 이를 기반으로 한 해운업 역시 그 국제적인 성격으로 인해 국가 간의 통상주도권을 비교하는 데 용이했기 때문이다. 이 책에서 소개하는 '화물의 흐름을 통해 추적한 세계경제의 흥망사'를 통해 현 시대 경제 문제의 해답을 찾을 수 있을 것이다.

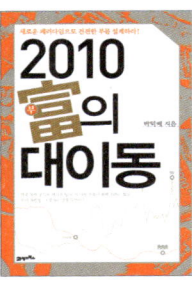

2010 부의 대이동

박덕배 지음 | 값 12,000원

새로운 패러다임으로 건전한 부를 설계하라

부동산 불패 신화가 사라지며 한국 부(富)의 공식이 깨지고 있다. 이제는 실물보다 금융자산의 확보가 중요하다. 그러자면 무엇보다 금융 지식을 쌓아야 한다. 이 책은 부(富)를 바라보는 새로운 패러다임인 금융자산의 확보를 강조하며, 그를 위한 다양하고 필수적인 금융 지식 대해 상세하게 안내하고 있다.

경제위기, 내 돈을 지켜라!

네오머니 · 류재윤 · 허영미 · 김석한 지음 | 값 12,000원

반 토막 난 내 펀드와 가치하락 위협을 받는
내 자산이 가야 할 길을 알려주는 책

누구도 믿을 수 없는 불확실성의 시대, 속지 않고 내 돈을 지키려면 이제 직접 재테크 전문가가 되어야 한다. 이 책은 금융상품, 주식펀드, 부동산, 재테크 상식의 부분별 현장 경험과 노하우를 담은 투자 원리를 설명하여 원칙중심의 재테크를 할 수 있도록 이끌어 준다.

자녀교육

작은 소리로 아들을 위대하게 키우는 법
마츠나가 노부후미 지음 | 이수경 옮김 | 값 10,000원

아들은 차갑게 키워라

남자의 본성에 맞게 교육시키는 '강한 아들 교육법'을 소개하고 있는 책. 한시도 가만히 있지 못하고 머릿속에 떠오른 생각을 행동으로 풀어야 직성이 풀리는 것은 남자의 타고난 특성! 이 책은 남자아이의 본성을 살리는 교육법을 소개한다.

딸은 세상의 중심으로 키워라
마츠나가 노부후미 지음 | 이수경 옮김 | 값 10,000원

전략적인 부모가 경쟁력 있는 딸을 만든다

딸로 태어난 엄마들조차 미처 알지 못했던 딸의 특성과 본성에 맞는 기발한 교육법을 알려주는 자녀교육서. 진정으로 딸을 세상의 중심으로 키우는 길은 강요만 하는 것이 아니라, 어릴 적 딸의 감성이 충분히 자랄 수 있도록 지켜봐주고 존재 자체를 칭찬해주는 것이다.

여섯 살, 소리 내어 읽어라
홍경수 지음 | 값 11,000원

우리 아이 잠재력을 깨우는 낭독의 힘

대한민국에 낭독열풍을 몰고 온 홍경수PD가 현명하고 똑똑한 아이로 키우는 방법인 소리 내어 읽기, 낭독 교육법을 소개하고 있는 책. 자녀교육 전문가들의 낭독교육 사례와 대한민국을 대표하는 문학인들이 추천하는 소리 내어 읽기 좋은 문장도 실려 있어 이 책 한 권으로 낭독을 실천할 수 있게 구성되어 있다.

요리

예성맘의 우리아이 10년 밥상·평생밥상

김은주 지음 | 값 16,000원
김은주 지음 | 값 28,000원

10만 엄마가 선택한 대한민국 대표 아이 요리책

아토피를 앓는 아들 예성이를 위해 마련한 정성스런 밥상이 엄마들을 사로잡았다. 까다로운 입맛도 돋우고 아토피 치료에도 좋은 예성맘의 레시피는 싸이월드 육아부문 1위를 거쳐 〈예성맘의 우리아이 10년 밥상〉으로 탄생, 10만 엄마들의 아이 사랑을 이끌었다. 최근 출간된 〈예성맘의 우리아이 평생밥상〉은 아이를 건강하고 총명하고 안전하게 키우고자 하는 엄마들의 고민을 해결해 준다.

베비로즈의 요리비책

현진희 지음 | 값 11,000원

하루 2만명의 식탁을 사로잡은 요리비법!

네이버 블로그 '로즈의 풀하우스'에 요리를 올리면서 요리를 좋아하는 사람들 사이에서 인기를 얻기 시작한 베비로즈 현진희의 요리비법이다. 끼니때마다 허둥대던 초보 주부 때부터 궁중에서 요리를 했던 증조 시할머니의 요리 비법 전수까지 베비로즈 현진희의 깊은 맛을 내는 노하우를 담았다.

요리를 부탁해

김은주 지음 | 값 15,000원

밥솥, 전자레인지, 오븐으로 만드는 요리의 모든 것

주방에서 천덕꾸러기였던 주방 가전 3총사, 밥솥, 전자레인지, 오븐이 최고의 요리사로 다시 태어났다. 저자는 바쁜 사회생활에 요리하는 시간이 빠듯한 맞벌이주부를 위해 손쉽게 요리를 만들 수 있는 방법을 제시한다.

어 학

미드 속 문화를 알면 영어가 보인다

J&L English Lab 지음 | 값 13,000원

영어가 쉬워지는 미드 속 문화 이야기

인기 미국 드라마 20편을 총 망라하여 분석했다. 미국 문화를 사진과 에세이로 읽으면서 자연스럽게 어휘를 익히고, 다양한 영어표현을 학습할 수 있는 책이다. 네이티브들이 일상생활에서 쓰는 핵심 어휘 500여 개와 문화에서 비롯된 실제 미드 속 대화문 120개를 담아 학습자들의 폭넓은 이해를 돕도록 하였다.

박코치 기적의 영어학습법

박정원 지음 | 값 14,500원(학습프로그램CD포함)

알파벳만 알던 박코치
2년 만에 억대연봉 강사 된 사연

'나도 할 수 있다' 이 책은 군대를 제대한 후 아무것도 가진 것 없이 영어공부를 시작하여 2년 만에 강남 이익훈 어학원의 최고 인기 강사가 된 사정과 비결을 소개하고 있다. 박코치의 영어학습 비결을 알게 된다면 누구라도 영어를 정복할 수 있을 것이다.

헐리웃스타들의 쉬운영어 따라하기

JD Kim 지음 | 값 13,000원(무료 MP3 파일제공)

스타들의 말과 에피소드에서
핵심 회화패턴 112개를 뽑았다!

친숙한 헐리웃스타들의 말과 에피소드를 통해 재미와 더불어 헐리웃의 생동감있는 영어를 느낄 수 있도록 구성한 책이다. 인터뷰에서 나온 스타들의 말에서 핵심 회화패턴 112개를 뽑아 해당 패턴의 풍부한 예문과 대화문을 담았다. 독자들은 이 책을 통해 스타들의 gossip을 즐기면서 살아있는 영어표현도 익히는 일석이조의 효과를 얻을 수 있을 것이다.

아동

17권 12월 출간 예정

마법천자문

스튜디오 시리얼 글·그림 | 1~16권 (20권 완간 예정) | 각 권 8,800원

한자가 즐거워지는 한자 학습서

마법천자문은 스토리가 있는 이미지 학습법을 구현한 새로운 방식의 한자 학습 만화이다. 한자의 모양, 뜻과 음을 한꺼번에 이미지로 기억하게 하고, 재미있는 만화 이야기로 아이들이 보다 쉽게 한자를 학습할 수 있도록 구성했다.

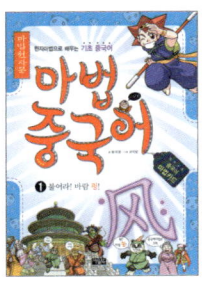

마법천자문 마법중국어 1

황재영 지음 | 코믹팜 그림 | 각 권 9,800원 (전 3권 완간 예정)

한자마법으로 배우는 기초 중국어

마법천자문에서 익힌 한자로 기초 중국어를 쉽게 익힐 수 있는 만화 중국어 학습서. 만화와 학습 페이지를 통해 일상생활에서 많이 사용하는 중국어 단어와 회화를 배우고, 퀴즈를 풀며 복습할 수 있다. 또한 중국과 관련된 다양한 읽을거리도 마련되어 있다.

올림피아드 수학왕 1, 2

장수하늘소 기획 | 임형진 지음 | 서홍석 그림 | 값 9,800원

수학의 기초부터 올림피아드 수학까지 정복하자!

'올림피아드 수학왕'은 각 권마다 단계별로 정해진 커리큘럼에 따라 수학의 개념을 만화 속에 쉽게 풀어놓아 아이들이 수학 개념에 쉽게 다가갈 수 있도록 하였으며, 생활 속에서 접할 수 있는 사건들을 다양한 방식으로 수학과 접목시켜 억지로 외우지 않아도 수학적인 상식을 저절로 익힐 수 있도록 하였다.

아동

디스커버리 수학

웬디 클렘슨 외 지음 | 나온교육연구소 옮김 | 각 권 10,000원 (전 6 권)

교실 밖에서 발견하는 수학의 원리

기존의 수학책을 탈피하여 흥미진진한 실제 상황 이야기를 통해 사고력을 키우도록 구성되었다. 단순한 문제처럼 보일 수도 있으나 모두 각 상황에 주어진 자료들을 스스로 조합하여 활용해야만 해결할 수 있는 문제들로 구성되어 12개의 미션을 모두 해결하고 나면 자신도 모르는 사이에 수학적 사고력과 자신감을 얻게 될 것이다.

초등 개념사전 시리즈

초등 국어개념 사전 | 초등 수학개념 사전 | 각 권 22,000원
초등 사회개념 사전 | 초등 과학개념 사전 | 각 권 19,800원

이야기책처럼 술술 읽히는 신개념 학습 사전

기존의 가나다순 사전과 달리 갈래별로 대항목을 잡아 맥락과 흐름을 알 수 있도록 구성하였다. 초등 교과 각 영역의 구조에 따라 핵심 표제어를 선정하여, 표제어와 관련된 내용을 재미있고 충실하게 설명하였다. 아이들은 이야기책처럼 술술 읽어 내려가면서 전체적인 틀 속에서 개념을 이해할 수 있다.

초등교과서 단어의 비밀

1~2단계 (단계별 1권) | 각 권 9,800원
3~6단계 (단계별 2권) | 각 권 11,000원
예비초등 (전 4권) 발간 예정

* 원리로 깨치는 신개념 어휘학습 프로그램
* 초등 전학년 · 수준별로 정리
* 단어의 형성원리 이해로 어휘력 확장
* 한자에서 어휘로 확장되는 과학적 학습 프로그램

www.book21.com

개념교과서

국어, 수학, 사회, 과학 | 3~6학년 | 각 권 9,500원
3~6학년 세트 (개념노트 포함) | 각 38,000원

개념의 기초를 다진다!

* 교과서 핵심개념의 기초를 완성
* 만화와 퀴즈로 재미있는 스스로 학습
* 학기 전 선행학습, 시험 전 개념정리

개념교과서 마스터

국어, 수학, 사회, 과학 | 3~6학년 | 각 권 11,000원
3~6학년 세트 (개념지도 포함) | 각 44,000원

개념 완성, 응용력 백배!

* 개념·원리학습에 기반한 과목별 기본서
* 개념의 체계화, 구조화로 개념학습 완성
* 유형별 문제풀이를 통한 응용력 향상

레인보우 북클럽

열두 살, 192센티 - 조앤 바우어 지음 | 하창수 옮김 | 박쟁인 그림 | 값 9,800원
말괄량이 패티 - 진 웹스터 지음 | 이선혜 옮김 | 한현주 그림 | 값 9,800원
목요일의 아이 - 소냐 하트넷 지음 | 김은경 옮김 | 김지혁 그림 | 값 9,800원

어린이와 청소년을 위한 품격 있는 세계문학 시리즈

세계 각국의 선생님들과 최고의 편집자들이 추천한 도서 리스트를 바탕으로 아동, 청소년 문학 베스트셀러 중에서 국내 미출간된 작품들로만 구성되었다. 깊이 있는 작품 해설과 동부한 배경지식을 수록한 북클럽 리딩 가이드와 함께 최고 수준의 작품성과 재미를 경험할 수 있다.

에너지 기후 시대가 왔다!

세계적 베스트셀러 작가 **토머스 프리드먼**의 신작
「코드 그린」_ 뜨겁고 평평하고 붐비는 세계

정치와 환경, 비즈니스의 절묘한 만남!

뜨겁고 평평하고 붐비는 세계
CODE GREEN

토머스 프리드먼 지음 | 왕윤종 감수
최정임, 이영민 옮김 | 값 29,800원

불안과 광기에 빠진 세계
그 혼돈의 시작과 끝은 어디인가

1987년 블랙먼데이부터 2008년 서브프라임까지
금융 붕괴 사태의 새로운 주기가 시작됐다!

패닉 이후

마이클 루이스 지음 | 장경덕 감수 | 이규장 외 옮김
값 18,000원

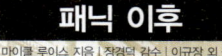

경계를 허무는 컨텐츠 리더 21세기북스   전화 031-955-2100   홈페이지 www.book21.cc

그러나 기업의 수익성과 현재 및 잠재 고객 전체 모집단 등 3가지 요인 간의 관계를 먼저 평가해야 한다. 또한 시간이 지날수록 높아지는 마케팅 투자에 대한 수확 체감도 고려해야 한다. 우리는 표준 통계 관례에 따르면서 이 같은 효과를 자극하기 위해 2가지 투자 요소들의 제곱을 뺐다. 그 다음에 선택 편향을 교정하기 위해 람다 요소에 부가하고, 이 모든 요소들에 가중치 계수($c_1 \cdots c_6$ 그리고 $b_1 \cdots b_3$)를 적용하고, 시작 교차점을 정했다. 이렇게 해서 다음과 같은 2가지 회귀 방정식을 도출했다.

장기간에 걸친 고객 총수익성(달러)=교차
$+C_1 \times$ 획득비용
$-C_2 \times$ (획득비용)^2
$+C_3 \times$ 유지비용
$-C_4 \times$ (유지비용)^2
$+C_5 \times$ 예측된 지속기간
$+C_6 \times$ 람다

예측된 관계 지속기간(일수)=교차
$+b_1 \times$ 유지비용
$-b_2 \times$ (유지비용)^2
$+b_3 \times$ 람다

우리의 다음 단계는 람다를 정량화하는 것이다. 이러한 계산을 위한 수학적 접근방법은 매우 발전되어 이 본문의 범위를 넘어서지만, 필요한 데이터는 복잡하지도 않고 배우는 데 어렵지도 않다. 우리 경험으로 볼 때,

대부분의 마케팅 운영(가령 각각의 고객이 처음 구매했을 때, 그리고 그들의 구매가 활동적이었을 때 마케팅 유형은 기존 고객뿐만 아니라 장래의 고객을 목표로 삼으면서 이들의 구매 행동에 대한 개별 차원의 데이터를 이용하는 것이다)에 이용되는 고객 정보는 계산에 이용되기에 충분하다. (수학적 접근방법을 살피는 것에 관심이 있는 독자들은 우리의 다른 논문을 찾아보기 바란다)[1].

 람다는 항상 양수로서, 1보다 클 수도 있다. 보통 고객을 획득하는 평균 확률이 높으면 높을수록 잠재적 고객의 상당 부분이 이미 획득되었다는 사실을 반영하면서 그만큼 교정 요소는 작아진다. 우리의 가설 사례에서 람다가 0.6이라고 추정해보자. 람다는 우리가 동일한 기본 데이터에 의지하는 한 상수이다.

 그 다음에 우리는 가중치 요인 계수의 숫자들을 결정했는데, 이는 역사적 지속성 및 수익성 가치에 대해 방정식 내의 다양한 요인들의 역사적 숫자를 사용함으로써 과거에 상대적인 가중치가 어떤 것이었는지를 알아보는 것이다. 이러한 분석이 우리의 방정식에 대해 다음과 같은 계수를 산출한다고 추정해보자.

 장기간의 총고객 수익(달러)=20
 +5×획득비용
 −0.25×(획득비용)^2
 +8×유지비용
 −0.1×(유지비용)^2
 +10×예측된 지속기간
 +30×람다

예측된 관계 지속기간(일수)=1
+4×유지비용
−0.03×(유지비용)^2
+15×람다

우리는 이제 마지막 단계(고객 획득 및 유지에서 투자의 수준을 변경할 경우, 우리가 예측할 수 있는 수익성이 어떤 것인지를 파악하는)를 준비하고 있다. 우리가 해야 할 것은 엇갈리는 고객 수익성 평가를 위해 다양한 수치들을 고객 유지와 획득 비용 소요에 관련된 수치에 체계적으로 집어넣는 것이다. 이러한 과정을 다양한 수치로 몇 번 반복한 다음, 고객 수익성을 최적화하는 고객 획득 및 유지 비용의 가치(값)를 알아낸다.

제약회사에 대한 우리의 시뮬레이션 예제에서 우리는 1달러·5달러·10달러·15달러·20달러의 증가를 획득비용 달러로, 40달러·50달러·60달러·70달러·80달러를 유지비용 달러로 대신 사용했다. 이 시뮬레이션의 결과는 표 6-1의 2개의 일람표에 요약되어 있다. 일람표에 나오듯이 고객을 획득하고 유지하는 데 필요한 최적의 소요비용은 10달러와 60달러이다. 고객 유지에 대한 60달러의 투자는 반드시 관계 지속을 최적화하는 것이 아니라는 점에 주목하라. 이 점은 고객 유지 비율이 수익성의 불완전한 예측 요소라는 우리의 믿음을 확인시켜준다.

여기에서 우리가 제시하는 것은 매우 단순화된 모델이다. 일례로 우리는 각각의 마케팅 경로(DM, 이메일 등)에서 이루어지는 고객 획득 및 유지에 소요되는 투자의 양을 비롯해 상당수에 이르는 보다 정확한 투입 변수를 사용하기도 한다. 기업이 자사의 방정식에 연결시킬 수 있는 요인들의 유형에 대한 리스트는 이 논문 마지막 부분의 '수익성을 가져오는

표 6-1 우리는 얼마를 소요해야 하는가?

직접 마케팅에 최적의 총량을 투입하는 것보다 중요한 일은 이 예산을 고객을 획득하고 유지하는 노력에 정확히 할당하는 것이다. 당신은 우리의 모델을 통해 정확한 분할 방법을 발견할 수 있을 것이다. 제약회사 사례에서, 우리는 첫 번째 표에서 줄어드는 수익을 실현하기 위해 고객 유지에 가외로 소요한 경우를 볼 수 있었다. 여기에서 최고로 높은 유지비용 비율은 고객 1인당 70달러의 투자로 이루어진다. 하지만 두 번째 표가 보여주듯이 최고의 고객 수익성은 고객 1인당 획득에 10달러, 그리고 고객 1인당 유지에 60달러를 소요했을 때 실현된다. 따라서 고객 획득과 유지 간에 권고되는 예산은 획득에 14%(10/70)와 유지에 86%(60/70)를 분할하는 것이다. 또한 아래 표들은 획득 및 수익성은 상호적으로 목표를 강화시켜주지 못한다는 점을 명확히 보여준다. 각각에서 비롯된 최적의 분할 결정은 반드시 전체에 해당하지는 않는다.

* **평균 고객 관계 지속기간**(유지비용 소요의 기능으로서)

유지비용(고객 1인당)	40달러	50달러	60달러	**70달러**	80달러
평가된 관계 지속기간(일수)	122일	135일	142일	**143일**	138일

* **평균 고객 수익성**(고객 획득 및 유지 비용 소요의 기능으로서)

		유지비용				
	구분	40달러	50달러	**60달러**	70달러	80달러
	1달러	1,423달러	1,543달러	1,583달러	1,543달러	1,423달러
	5달러	1,437달러	1,557달러	1,597달러	1,557달러	1,437달러
획득비용	**10달러**	1,443달러	1,563달러	**1,603달러**	1,563달러	1,443달러
	15달러	1,437달러	1,557달러	1,597달러	1,557달러	1,437달러
	20달러	1,418달러	1,538달러	1,578달러	1,538달러	1,418달러

것은 무엇인가?'를 참고하라. 이 모델의 유일한 결점은, 고객의 반응을 개별적으로 해체할 수 없는 방송 광고의 효율성은 측정할 수 없다는 것이다. 하지만 이 모델은 개별 고객 행동에 대한 정보를 사용할 수 있으며, 자원이 개별 고객들에게 소요되는 상황에도 적용할 수 있다. CRM 기술 덕분에 이 모델은 증가하는 산업들에서 마케팅에 대한 지배적인 접근방법이 되고 있다.

우리가 찾아낸 것

직접 마케팅에 대한 비용 소요를 최적화하는 것은 얼마나 중요한가? 세 기업에 대한 세밀한 분석 결과, 최적의 고객 수익성 차원에서는 심지어 약간의 일탈에도 매우 비용이 많이 소요되는 것으로 밝혀졌다. (표 6-2에서 그 수치를 확인할 수 있다.) 마케팅 비용을 10퍼센트 절감해서 25만 달러를 절약한 통신판매 소매업자를 예로 들어보자.

우리는 고객 1인당 수익성이 1.2퍼센트 떨어졌다고 계산했다. 6만 명의 고객이 있을 경우, 우리의 모델은 장기간의 고객 수익에서는 180만 달러의 손실을 입을 것이라는 점을 말해준다. 우리는 개별 고객을 획득 또는 유지하려는 가능성을 최대화하는 것은 전체 고객의 수익성을 최대화하는 것과 동일하지 않다는 사실을 발견했다. 가령 B2B 기업은 우리가 제안한 최적의 양 이상을 소요함으로써 고객을 획득할 가능성을 높일 수 있었고(22퍼센트에서 26퍼센트로), 이 같은 관계의 예측 지속기간을 약간 늘릴 수 있었다(46개월에서 47개월로).

제약회사는 이와 유사하게 수익 극대화 수준 이상으로 비용을 소요함으로써 고객 획득 가능성을 24퍼센트에서 29퍼센트로 증가시킬 수 있었고, 지속기간을 4개월 늘릴 수 있었다. 하지만 이 같은 증가는 최적의 수익성으로는 전환되지 않을 것이다.

하지만 마케팅에 대한 지나치게 많은 투자가 좋지 않다면 지나치게 적은 소요 비용(특히 고객 획득에 대한)은 (거의 항상) 이보다 더 나쁘다. 최적의 획득 경비(예산)의 일탈을 유심히 살피고 모든 다른 요소들을 최적의 차원으로 두면, 비용을 적게 쓰는 것과 많이 쓰는 것은 세 기업 모두 비슷하다.

표 6-2 우리는 얼마를 소요해야 하는가?

기업이 직접 마케팅 지출을 최적화할 경우, 기업은 얼마나 많은 돈을 벌어들일 수 있을까? 매우 다른 분야에 있는 세 기업에 대해 우리가 산출한 수치를 살펴보자.

기업	최적의 차원에 이르기 위해 직접 마케팅에 얼마를 투입해야 하는가?	직접 마케팅에 대한 소요가 최적일 경우 수익은 얼마나 증가하는가?
B2B	↓ -68.30%	41.52% ↑
제약회사	31.40% ↑	35.80% ↑
카탈로그 소매업체	↓ -30.70%	28.90% ↑

하지만 고객 획득의 경우, 절약은 낭비보다 매우 해롭다. 이는 고객 수익성과 관계 지속기간과의 상관관계 때문이다. 고객 유지에 비용을 적게 쓸 때보다 비용을 많이 쓸 때 수익은 보다 급격히 줄어든다.

고객 유지 및 획득 투자의 이러한 차이점은 각각에 얼마나 많이 투자할지를 결정할 때 적절한 균형을 찾는 문제를 어렵게 만든다. 일례로 우리의 연구에서 제약회사의 마케팅 부서가 총마케팅 및 커뮤니케이션 예산을 5퍼센트 감축하도록 지시를 받았다고 가정해보자. 이는 몇 가지 방법으로 실행될 수 있다. 하나는 고객 획득과 유지 예산을 각각 5퍼센트씩 줄이는 것이다. 다른 하나는 고객 유지 예산은 그대로 두고 고객 획득 예산을 25퍼센트 줄이는 것이다.

확실히 최적의 소요 비용 차원에서의 일탈은 어떤 방식으로든 기업의 수익을 줄인다. 하지만 감소는 2가지 예산을 줄이는 것보다 훨씬 심하지 않다. 우리는 관계 지속에 매번 1달러를 적게 투자한다면 최적의 장기간 고객 수익은 1.25달러 떨어질 것으로 평가했다. 하지만 제약회사가 고객 획득 투자에 25퍼센트를 줄이면, 관계 지속에 매번 1달러를 적게 투자하는 경우 고객의 최적의 장기 수익성은 3.03달러 떨어진다.

우리는 예산 증가에서 유사한 결과를 찾아냈다. 고객 획득 및 유지 예산을 5퍼센트 증가시킴으로써 기업이 최적의 차원 이상으로 총예산을 증가시켰다고 생각해보자. 이 시나리오에서 관계 지속에 쓸데없이 투자된 1달러는 장기적인 고객 수익성을 최적의 차원에서 1.22달러 떨어뜨렸다. 하지만 총 5퍼센트의 증가는 고객 획득 예산 25퍼센트의 증가로 실현된다는 사실을 생각해보자. 이는 좋지 않다. 관계 지속에 매번 1달러를 과잉 투자한 것에 대해 고객의 장기간 수익성은 2.83달러 떨어지기 때문이다.

사실 전체 투자에 대해 최적의 양을 발견하는 것보다는 고객 획득과 유지 투자 간의 최적의 균형을 찾는 것이 보다 중요할 수 있다. 가령 최적의 총소요비용을 10퍼센트 절감하는 것은 그것을 5퍼센트 절감하는 것보다 덜 매력적인 투자수익을 가져온다고 생각하는 것은 그럴듯하다. 하지만 반드시 그런 것은 아니다.

다시 제약회사의 경우를 살펴보자. 우리는 고객 획득 예산과 고객 유지 예산을 동시에 10퍼센트 줄임으로써 총예산을 줄이는 것이, 고객 획득 비용만을 줄임으로써 총예산 5퍼센트를 줄이는 것(기업은 고객 획득비용에서 절감된 달러당 3달러의 손실을 본다)보다 긍정적(비용에서 절감한 달러당 2달러의 수익 손실)이라는 사실을 알았다.

마지막으로 우리는 세 기업에 대한 우리의 분석을 보다 세분화하여 커뮤니케이션 채널에서의 선택의 영향이 투자 효율성에 미치는 영향에 대해 자세히 살펴보았다. 그 결과 우리는 최적의 커뮤니케이션 범주에 대해 정확한 권고를 얻을 수 있었다.

우리는 B2B 기업이 커뮤니케이션 노력을 양적으로(다시 말해 커뮤니케이션 숫자를) 80퍼센트를 이메일에, 11퍼센트를 전화 연결에, 7퍼센트를 웹 기반 상호작용(이 경우 상호작용은 모두 고객이 먼저 시작한다)에, 그리고 2퍼센트를 직접 고객과 대면하는 것에 할당할 경우 평균 고객 수익성이 극대화된다는 사실을 알게 되었다. 물론 이 수치는 채널들 간의 비용 차이를 어느 정도 반영한다. 일례로 이메일이나 웹 메시지 비용이 1달러인 경우 전화 연락 비용이 20달러이고, 직접 대면 커뮤니케이션은 200달러이다.

B2B 사례를 통해 볼 수 있는 것처럼 우리는 커뮤니케이션 채널 사례들을 전체적으로 나누는 것보다 좋은 성과를 실현할 수 있었다. 이메일 커뮤니케이션 비용이 저렴한 경우, 그 기업이 던질 수 있는 확실한 질문은 '다른 커뮤니케이션 모드들과 연관해서 이메일은 얼마만큼 쓰여야 하는가?' 하는 것이다. 우리의 모델은 수익성을 극대화하는 가장 효율적인 방법은 전화 연결을 하는 시간의 37퍼센트를 전화 상호작용과 이메일 커뮤니케이션을 동시에 사용하는 것이라고 말해준다. 우리는 또한 직접 얼굴을 대면하는 시간의 67퍼센트에 이메일이 수반되어야 한다는 사실을 알게 되었다.

마케팅 자원 할당에 대한 결정이 갈수록 개인 책임 차원이 되어가는 비즈니스 환경에서, 마케터들은 쉽게 획득하고 유지할 수 있는 개인 고객들이 가장 수익성이 있는 고객이 아닐 수도 있다는 사실을 알아야 한다. 우리의 모델은 기업이 수익성을 극대화하기 위해 직접 마케팅에 얼마를 소요할 것인지, 그리고 그 같은 소요(고객 획득과 유지 노력의 관점뿐만 아니라 심지어 다양한 직접 커뮤니케이션 채널 간의 선택 차원에 이르기까지)를 어떻게 가장 수익성 있게 할당할 것인지를 밝히면서 마케팅 믹스 의사결정에 수익성을 통합시킨다.

경영자들은 모델을 구현하기 위한 데이터 수집에 많은 시간을 투자하지 않아도 된다. 그들은 자신들이 이미 수집한 정보에 안전하게 의지할 수 있다. 그들의 자원 할당 선택은 경영자들이 책임질 수 있는 수익과 연결된 명확한 마케팅 목표를 제공할 것이다.

:: 수익성을 가져오는 것은 무엇인가?

다수의 요소가 고객 수익성을 결정한다. 물론 그것들은 산업마다, 또 기업마다 다르다. 이 글에서 다룬 제약회사의 고객 획득 가능성, 관계 지속기간, 고객 수익성의 회귀 방정식을 유도하는 과정을 통해 이러한 특정 요소들을 살펴보았다.

이 기업은 3개의 제품을 가지고 있는데, 그 가운데 한 제품이 전체 매출의 90퍼센트를 차지한다. 의사가 그 기업의 제품 가운데 어떤 것이든 처방전을 써준다면 의사는 수익성을 획득한 것으로 간주한다.

획득 가능성 방정식

획득 가능성에 영향을 미치는 대표적인 요소는 다음과 같다.

- 획득비용
- 직접 대면 횟수, 그리고 영업부서와 병원의 전화 연결 횟수
- 기업의 제품에 대해 의사가 먼저 제약회사에 연락을 한 횟수
- 의사의 연령, 성별, 그리고 경험 연수
- 의사가 매달 진료하는 평균 환자들의 수치

관계 지속기간 방정식

관계 지속기간에 영향을 미치는 대표적인 요소는 다음과 같다.

- 유지비용
- 직접 대면 횟수, 그리고 영업부서와 병원의 전화 연결 횟수
- 기업의 제품에 대해 의사가 먼저 제약회사에 연락을 한 횟수
- 기업의 제품을 처방전으로 써준 횟수
- 처방전에 대한 다른 약품들의 숫자
- 처방전 점유(처방전 총수, 기업의 처방전은 얼마나 되는가?)

수익성 방정식

수익성에 영향을 미치는 대표적인 요소는 다음과 같다.

- 획득비용
- 유지비용
- 직접 대면 횟수, 그리고 영업부서와 병원의 전화 연결 횟수
- 기업의 제품에 대해 의사가 먼저 제약회사에 연락을 한 횟수
- 기업의 제품을 처방전으로 써준 횟수
- 처방전에 대한 다른 약품들의 숫자
- 처방전 점유
- 계산된 관계 지속기간

7

CEO는 성장 의제를 어떻게 관리하는가

란제이 굴라티
Ranjay Gulati

케네스 프리먼
Kenneth W. Freeman

조지 놀렌
George Nolen

존 타이슨
John Tyson

케네스 루이스
Kenneth D. Lewis

로버트 그리필드
Robert Greifeld

기업이 유기적으로 성장하는 것은 언제인가? 합병 또는 인수를 통해 새로운 역량을 얻거나 시장에 접근하는 것이 좋은 시기는 언제인가? 총매출을 높이기 위해 총결산을 희생해야 하는 시기는 언제인가?

기업 성장에 관해 지식과 경험이 많은 5명의 경영진(퀘스트 다이아그노스틱스의 케네스 프리먼, 지멘스 USA의 조지 놀렌, 타이슨푸드의 존 타이슨, 뱅크 오브 아메리카의 케네스 루이스, 나스닥의 로버트 그리필드)은 그들이 경력을 쌓아온 기업에서 리더십 역할을 어떻게 수행하고 총매출 성장에 어떻게 접근했는지를 설명한다. 그들은 자신들이 대표로 있는 기업과 산업 부문에서 다양하게 성장전략을 변경하며 이루어온 지금까지의 성과에 대해 진솔하게 적고 있다.

그들의 여러 가지 전술은 그들 기업만의 특별한 장단점 및 기업의 다른 모든 요소들과 관련이 있다. 이를테면 케네스 프리먼은 브레이크를 잡을 때를 아는 것이 중요하다고 말한다. 그가 퀘스트 다이아그노스틱스의 CEO가 되었을 때, 1~2년 동안은 인수를 하지 않았다. 기업의 사내 프로세스에 집중해서 '성장할 권리를 얻기 위함'이었다. 이에 반해, 로버트 그리필드는 경쟁의 균형 상태를 흔들어 성숙하고 안정된 사업도 앞으로 가도록 자극하는 혁신을 일으켜야 한다고 말한다.

그러나 이들 경영자들은, 기업이 자사의 제품을 다른 기업의 그것과 구별 지음으로써 성장하고 수익을 실현할 수 있다는 데는 모두 동의한다. 노스웨스턴 대학 켈로그 경영대학원의 란제이 굴라티는 이 글의 서문에서 "어떤 전략을 쓰든 성장은 다양한 형태로 오고 인내를 필요로 한다. 중요한 것은 어떤 기회가 오든 놓치지 말고 행동할 준비가 되어 있어야 한다는 것이다"라는 점을 강조한다.

어떤 산업을 불문하고 많은 경영자들이 '성숙'과 '범용화'를 경영의 새로운 화두로 인식하기 시작했다. 글로벌화, 성숙된 기술, 모방의 용이, 진입 장벽의 감소, 기술 시장에서의 개방 표준, 경제적인 고객들 등 여러 요인의 압력 때문에 많은 기업이 가격 경쟁의 치열함을 느끼고 있다. 델컴퓨터나 월마트처럼 뛰어난 가격 우위를 가지고 있다면 안정적인 성장을 기대할 수 있다. 하지만 대부분의 기업의 사정은 그렇지 못하며, 이 기업들 입장에서 범용화는 죽음의 경기다. 수익을 실현하기 위해 지속적으로 노력할 경우, 이 기업들은 총매출에 대해서만 생각해야 한다.

누구나 성장하는 방법을 찾기를 원한다. 하지만 진정한 성장의 힘은 수익성 있게 성장하는 데 달려 있다. 그리고 그것은 상당히 어렵다. 바로 이것이 앞으로 이어질 이 글의 주제이다. 5년 전 우리는 총매출 성장에 집중했고, 그 이후에는 벨트를 조이는 데 주력했다. 그리고 우리는 이제 수익성 있는 총매출 성장으로 돌아왔다. 경영진 스스로 기대치를 올리고 있다는 것은 정말 좋은 일이다. 그러나 목표를 달성하려면 자사의 제품을 타사의 제품들과 구별 짓는 방법들을 찾아야 한다. 이 글의 저자들은 차별화에 대한 3가지 상호 연관된 접근방법, 곧 혁신, 고객관계 심화, 제품 및 서비스 일괄 판매에 대해 논의한다.

혁신은 오랫동안 경쟁우위의 가장 중요한 요소였다. 누가 봐도 진정으로 독특하거나 선점자로서의 제품과 서비스를 가지고 있다면 경쟁에서 앞서갈 수 있다. 이 글의 저자들은 하나같이 혁신의 필요성을 강조한다. 타이슨푸드의 CEO인 존 타이슨은 기업의 단벅질 제품의 확장라인에 대해 논의하고, 퀘스트 다이아그노스틱스의 케네스 프리먼은 CEO 자리를 기업을 혁신과 유기적인 성장으로 이끌 수 있는 과학자에게 넘겨줄 정도이다. 나스닥의 CEO인 로버트 그리필드는 가장 극적인 매출 성장 기회는 성장하거나 판매하기 위한 새로운 방법들을 찾는 데서 온다고 말한다.

하지만 제품 혁신만으로 두드러지게 성장하기는 어렵다. 그리고 제품 혁신만으로 경쟁우위를 가질 경우에는 그 성장이 오래 지속되지 않는다. 따라서 우리는 두 번째 차별화 전략인 고객에 대한 조직적인 집중을 시도하는 문제를 다뤘다. 이 접근방법은 특정한 고객 세분화 시장을 만족시키는 새로운 제품이나 서비스를 만드는 것부터 서비스를 개인화하는 것에 이르기까지 여러 가지 방법으로 기업이 스스로를 차별화하는 데 도움을 준다.

제품에 대한 강조에서 고객에 대한 강조로 관점을 이동하는 것은 어려운 일이다. 그것이 기업의 구조, 프로세스, 그리고 궁극적으로는 기업문화에서의 근본적인 변화를 수반하기 때문이다. 제품 혁신에 의지해왔던 산업들은 조직적인 프로세스를 최종적으로 고객의 니즈에 직접 맞추는 것이 중요하다는 사실을 알게 되었다.

예를 들어 제약 산업이 전통적으로 독특한 의약품 개발과 의사들에 대한 마케팅을 강조했다 하더라도, 일라이 릴리와 화이자와 같은 기업은 일반 소비자 확장에 대해서도 자원을 투자하기 시작했다. 보다 소비자 지향적이 되는 것은 다른 산업에서도 마찬가지다.

뱅크 오브 아메리카의 CEO인 케네스 루이스는 고객 만족도를 높이기 위해 품질에 얼마나 집중했는지에 대해 자세히 말하고 있다. 케네스 프리먼은 병원을 서비스가 이루어지지 않은 고객 세분화 시장으로 설명한다. 따라서 퀘스트 다이아그노스틱스는 병원을 독특한 시장으로 다루기 시작한 이후 급속하게 성장했다. 지멘스 USA의 CEO인 조지 놀렌은 이동통신 고객들의 니즈가 혁신을 얼마나 자극했는지에 대해 설명한다.

소비자들의 니즈에 집중하는 데서 비롯된 차별화 전략의 세 번째 접근 방법은 제품과 서비스를 혼합해서 고객 니즈에 대해 구체적인 '해결책'을 제공하는 것이다. 그러나 사실상 몇몇 기업에서 다루는 해결책의 개념은 마케팅 술책에 지나지 않는다. IBM(자사의 하드웨어와 소프트웨어, 그리고 컨설팅 서비스를 결합시켜온)과 같은 기업들은 보완 제품들을 하나의 해결책으로 일괄 판매하는 것이 보다 효율적인 방법이라는 사실을 알았다. 부분의 총합보다 큰 가치를 제공할 수 있다면, 제품이나 서비스 특징만으로도 다른 기업들과 경쟁할 때 일어나는 가격 압박을 비켜갈 수 있다.

이렇게 해결책을 제공하는 독창력이 산업의 영역에서 인기를 얻고 있지만 이와는 별도로 조직은 과중한 업무를 조정해야 한다. 조직 내 부서들이 업무를 조정하지 못하고, 외부 공급자들과의 업무를 조정하지 못해 많은 기업들이 난처한 입장에 놓여 있다. 이렇게 되면 범용화 시장의 경쟁에서 살아남을 수 없다. 존 타이슨은 기업의 부가가치인 가금류, 쇠고기, 돼지고기 개발 논의를 통해 이러한 점을 넌지시 말해준다. 이 기업은 쇠고기, 돼지고기를 비롯한 다수의 육류제품을 요리하거나 여기에 몇 가지 맛을 첨가함으로써 일반 육류 사업에서 벗어날 수 있었다.

이러한 차별화 수단의 경우(이 글에서 말하고 있는 핵심) 실행이 중요하다. 그러나 다수의 기업에서 다루는 '혁신'과 '고객 중심', 그리고 '해결책'은 안타깝게도 실질적이지 못하고 다만 수사적인 주장에 지나지 않는다. 하지만 수사적인 주장을 행동으로 움직여왔던 기업들은 주장을 이행하는 것이야말로 성공과 확장의 길이라는 사실을 알게 되었다.

만일 당신의 기업이 제품을 중심으로 조직되었다면 고객의 니즈에 폭넓게 반응하기 위해 직원들을 어떻게 교육할 것인가? 제품과 서비스를 일괄 판매하기 위해 판매 거래에 익숙한 영업부서를 어떻게 재교육할 것인가? 케네스 루이스는 끼워 팔기를 고무시키는 재정렬 인센티브 방식을 제시한다. 존 타이슨은 고객과의 일대일 상호작용의 어려움에 대해 다룬다.

마지막으로 성장은 언제나 다양한 형태로 오고 인내심을 요한다는 사실을 명심하라. 인수를 통해서는 크게 도약할 수 있고, 사내 혁신이나 제휴를 통해서는 천천히 그러나 꾸준히 성장할 수 있다. 중요한 것은 기회가 어떤 형태로 오든 그 기회를 잡아 행동할 준비가 되어 있어야 한다는 것이다.

퀘스트 다이아그노스틱스의 CEO **케네스 프리먼**

나는 처음에 부정적인 경험을 통해 기업의 성장에 대해 배우기 시작했습니다. 30여 년 전에 나는 컬러TV의 유리를 만드는 코닝 회사의 한 부서(당시 회사에서 가장 잘나가는 부서)에서 재무 분석가로 근무했습니다. 우리는 기존의 전략으로 매출을 끌어올렸습니다. 전략이란 다름 아닌 매년 소비자가격을 올리는 것이었죠. 그러면 우리 부서의 최대 고객인 RCA는 자신들이 직접 유리 공장을 만들겠다고 위협했습니다. 우리는 그 일이 쉽지 않을 것이라고 생각했습니다. 그런데 RCA는 위협에 그치지 않고 유리 공장을 직접 건설했습니다. 그로 인해 코닝은 심각한 타격을 받았고, 회사를 부도 직전으로 몰고 갈 정도로 수익이 급격하게 감소했습니다. 따라서 우리는 변동 가격정책을 택할 수밖에 없었습니다.

20년이 지난 후에는 잘못된 성장 방식으로 인해 또 다른 교훈을 배웠습니다. 이번에는 코닝 클리니컬 레보레토리즈(1996년 코닝 니콜라스 인스티튜와 함께 자회사로 독립)에서였습니다. 1995년 5월에 코닝 클리니컬 레보레토리즈의 새로운 CEO로서, 그리고 후에는 퀘스트 다이아그노스틱스의 CEO로서 나는 인수를 통해 신속하게 회사를 호전시키리라는 기대를 한몸에 받고 있었습니다. 이미 회사는 13년에 걸쳐 대략 300개의 독립 실험연구소를 거침없이 인수했습니다. 내가 취임하기 바로 직전에도 회사는 3건의 큰 거래를 성사시켰고, 되도록 빨리 '시너지 효과'를 얻기 위해 합병 노력을 하고 있을 때였습니다.

그 당시 산업 전체는 의료보험에 납부하는 요금 준수의 문제를 안고 있었습니다. 강제준수 문제는 회사를 휘청거리게 했습니다. 우리의 서비스와 명성에 흠집이 생기면서 사업은 내리막길을 걸었습니다. 정부와 고객, 그리고 직원들까지도 마치 우리 회사를 가장 싫어하는 사람이 누구인지를 두고 경쟁을 벌이듯이 우리에게서 등을 돌렸습니다. 우리는 수익이 없었고, 어느 부문에서도 성장하지 못했습니다.

우리는 성장할 수 있는 권리를 찾아야 했습니다. 따라서 나는 인수를 멈추고, 1995년 중반~1998년 중반에 이르기까지 3년 동안 인수를 하지 못하게 했습니다. 한편으로 우리는 우리의 프로세스에 기강을 구축하는 데 집중했습니다. 처음으로 핵심 가치 및 명확하고 일관된 목표를 세우는 등 우리는 기업의 방향 전환에 모든 직원을 동참시켰습니다.

또한 인수합병을 위한 기본 규칙 및 최상의 관례도 만들었습니다. 이러한 지침은 고객 유지 및 직원 만족, 그리고 야심찬 재정적 목표에 대한 매트릭스에 기초하고 있습니다. 마지막으로 으리는 몇몇 고객(특히 그중에서도 최대 고객)을 버렸습니다. 우리는 산업에 만연해 있는 가격 경쟁이라는 파괴적인 사이클에 관여하고 싶지 않았습니다. 우리는 탄탄한 성장을 하기 위해 축소를 우선시해야 했습니다.

1998년 천신만고 끝에 퀘스트 다이아그노스틱스는 수익성을 실현하게 되었고, 새로운 인수 기회들을 다시 찾아보기 시작했습니다. 우리는 속해 있는 산업에서 가장 합리적이라고 믿었던 지리적 팽창이라는 오래된 전략을 지속적으로 수행했습니다. (합리적인 시설에 대한 시험은 실험실 업무를 신속하게 처리하기 위해 진료실이나 병원에 밀접히 위치해 있어야 하는 것과 같습니다.) 우리는 몇 개의 사업을 인수하고, 매수한 부문에 많은 노력을 기울이면서 과거보다는 신중하게 움직였습니다. 약간의 위험을 떠맡기는 했지만 발전을 기약하며 문화적·조직적으로 찬찬히 준비해나갔습니다.

나는 큰 거래 자체를 믿지 않습니다. 하지만 사업을 변화시킬 기회는 반드시 잡아야 한다고 생각합니다. 스미스클라인 비첨 클리니컬 레보레토리즈가 퀘스트 다이아그노스틱스에 이 같은 기회를 제공했습니다. 16억 달러의 매출을 올리고 있는 이 회사는 우리보다 약간 규모가 크고, 우리가 그동안 인수했던 기업들보다는 상당히 큰 규모였습니다. 이 인수(만일 이루어진다면)는 의료실험 산업계에서 가장 큰 인수가 될 것이고, 그것이 성공적인 인수가 된다면 처음으로 시장에서 리더가 되는 것입니다. 또 우리는 선두주자로서 산업을 변화시킬 것입니다. (우리 산업은 대부분 매출 5백만 달러에 불과한 4,500개 정도의 독립 실험실 기업과 병원 및 의사의 진료실에 있는 수천 개의 실험실로 구성되어 있는 등 매우 파편화되어 있었습니다.)

장기적인 동결을 풀고 곧바로 실행에 옮기자면, 합병 절차를 완벽하게 처리해야 했습니다. 관례적인 운영의 일종으로 우리는 코네티컷에 있는 중간 규모의 실험실을 인수했습니다. 합병은 성공적이었고, 1999년 8월 우리는 SBCL을 인수했습니다. 나는 이 상황이 제대로 정리되고 자리잡을 때까지 인수 동결을 선언했습니다. 인수 기업의 직원들과 고객들이 우리에게 긍정적인 피드백을 주고, 시설의 통합과 정보 시스템의 변화와 같이 인수에 내재된 위험을 우리가 보완할 때까지 약 2년의 시간이 걸렸습니다. 과거의 중요한 인수 후에는 보통 매출이 10퍼센트 이상 떨어졌습니다. 우리의 새로운 프로세스와 각각의 고객과 직원에게 기울인 관심 덕분에 합병을 하는 동안에도 우리의 유기적 매출 성장은 연간 4~5퍼센트에 이르는 등 업계 평균을 따랐습니다.

이후로 지속해서 업계 성장률에 부합했지만, 그 이하로 떨어지는 때도 있어 업계 성장률을 꾸준히 넘어서지는 못했습니다. 정말이지 나는 이 점이 너무 실망스럽습니다. 우리는 지리적 팽창 기술을 미세 조정하면서도 세분화된 시장, 특히 병원 시장에는 집중하지 않았습니다.

병원들은 지금까지 우리의 가장 세분화된 시장이었던 의사들과는 다른 니즈를 가지고 있습니다. 바로 환자들이 많기 때문입니다. 병원은 신속한 처리 시간, 실험을 위한 보다 전문화된 프로그램, 상당한 정도의 환자들 반응, 그리고 보다 전문적인 답을 요구하곤 합니다.

각 병원에 독립된 영업 인력을 만들고, 이 같은 세분화 시장에 전념하는 실험실을 만들기 시작한 것은 최근의 일입니다. 우리가 처음부터 병원을 독특한 시장으로 취급했다면, 우리는 급성장했을 것입니다.

1998년 이래 우리는 15억 달러에서 47억 달러로 매출을 3배 이상 신장시켰습니다. 그것의 절반 이상, 곧 26억 달러는 합병 및 인수에서 온 것입니다. 유기적 성장에서 이루어지는 매출은 고작 6억 달러에 불과합니다. 우리는 여전히 지리적 위치의 이점에 따라 선택적으로 인수를 시행합니다. 하지만 우리는 유전자와 같은 영역들과 현재 주문이 되고는 있지만 그 사용이 급성장하고 있는 몇몇의 비밀 실험을 통해 유기적 성장을 가속화할 엄청난 기회를 엿보고 있습니다.

물론 유기적 성장은 반드시 사내에서만의 성장을 의미하지는 않습니다. 우리는 현재 새로운 제품의 다수를 외부에 있는 대기업 및 중소기업에서 얻고 있습니다. 이러한 파트너 관계와 합작 투자는 우리의 미래 성장에서 연구개발만큼 중요한 역할을 할 것입니다.

상이한 성장전략들은 각각 다른 유형의 리더들을 요구합니다. 지난 9년에 걸쳐 우리가 수행한 전략은, 프로세스 훈련 및 지리적 확장 추진 성장을 이용해 파산 직전의 회사를 살린 다음어 이득을 취하는 것이었습니다.

회고해보면, 나는 CEO의 직무에 적절한 재능을 가졌던 것 같습니다. 나는 여러 번 파산 직전의 회사를 살렸습니다. 그리고 나는 우리가 실험실 연구들을 판매하든지 땅콩을 팔든지 그것이 무엇이 됐든, 성공적인 인수 전략을 실행하는 데 필요한 재무 및 리더십 기술을 획득했습니다.

오늘날 퀘스트 다이아그노스틱스는 새로운 서비스를 통해 유기적인 성장을 준비하는 건강의료 기업입니다. 나는 급성장하는 비즈니스 모델을 최대로 이용할 수 있는 사람을 후계자로 생각하고 있었는데, 최근에 그런 사람을 찾았습니다. 그는 의료물리학 박사학위를 가지고 있으며 5년에 걸쳐 COO를 지낸, 진단 영상을 비롯해 건강의료 산업에서 25년 이상의 경험을 가지고 있는 수리야 모하파트라입니다.

지멘스 USA의 이사회 의장 겸 CEO **조지 놀렌**

우리가 미국과 같은 주요한 전자제품 시장에서 빠르게 성장할 수 있었던 건 기업 인수 때문입니다. 기업 인수는 지멘스 매출 성장의 가장 중요한 원천이었습니다. 인수는 견고한 전략 기반에 따라 시행할 때 제대로 이행됩니다. 그러나 억지로 시장에 밀어붙이면, 인수는 실패로 돌아갑니다. 예를 들어 1980년대 말, 지멘스는 미국의 고객들에게 전 세계에서 제조한 제품을 모두 판매하겠다는 희망을 가지고 있었습니다. 우리는 미국에 본사가 있는 전화 시스템 판매 대기업을 인수했습니다. 하지만 인수한 기업은 혁신기술 기업이 아니라 판매기업이었습니다. 그리고 지멘스에서 제품을 개발하는 직원들은 미국 고객들의 욕구를 이해하지 못했습니다.

그 결과 우리는 시장에서 견인력을 얻을 수 없었고, 사업은 흔들리기 시작했습니다. 그 후 우리는 미국에 제조시설을 만들고, 상당히 뛰어난 시장 입지를 마련했습니다. 오늘날 지멘스는 북미에 6만 5,000명, 미국에 6,500명 이상의 직원을 둔 회사로, 7억 달러 이상의 비용을 쓰면서 연구개발에 최선을 다하고 있습니다. 지멘스 USA는 2001년도에 5억 5,300만 달러의 손실을 기록했습니다. 그러나 2003년에는 5억 6,100만 달러의 이익을 실현했습니다.

견고한 시장 지식과 적절한 판매경로를 가지고 있다면, 인수는 종종 지리적 위치의 변수를 깨뜨리는 최상의 방법이 됩니다. 1990년대 말, 우리는 현지 주재 법인을 설립하기 위해 4년 6개월간에 걸쳐 인수에만 80억 달러 정도를 소요했습니다. 그 기간에 우리가 매입한 웨스팅하우스 전력처럼 뛰어난 인수는 없었습니다. 이 인수 경험이 있었기에 우리는 미국의 전력이 벼락경기를 타기 이전에 NAFTA 시장에서 자리를 잡을 수 있었고, 미국의 뛰어난 경영부서를 영입할 수 있었습니다. 나는 강력한 현지 주재 법인과 그 영향력이 없었다면 성공할 수 없었다고 생각합니다.

인수에 힘입어 우리는 성공의 중요한 요소인 다각화를 보다 쉽게 지속할 수 있었습니다. 1990년대 말 지멘스는 이동통신 및 정보기술에 집중할 것인지와 관련해서, 그리고 수송·건강의료·전력 사업에서 발을 뺄 것인지와 관련해서 재정 분석가들을 비롯한 여러 사람에게서 자문을 받았습니다. 다른 다각화한 기업들은 그렇게 했지만, 우리는 그렇게 하지 않았습니다. 다른 기업들의 주식 증대와 우리 기업의 그것을 비교하면 우리가 적절한 결정을 했다는 사실이 명백하게 드러납니다. 물론 전력 산업에 벼락경기가 올 것이라고 예상했다고 말할 수는 없습니다. 하지만 우리는 우리의 포트폴리오에서의 다각화가 전략적 우위라고 생각해 왔습니다.

현재 우리가 이동통신(이는 현재 매우 힘든 비즈니스 분야입니다) 사업에서 발을 빼야 한다고 주장하는 사람들이 있습니다. 하지만 고객들은 여전히 우리에게 의존하고 있다고 말합니다. 일례로 AT&T는 그들 미래에 전략적 거점지가 되는 차세대 광통신망을 구축하기 위해 우리를 의존하고 있습니다. 우리는 뜻하지 않게 이동통신 사업에 좋지 않은 점이 몇 가지 있다는 사실을 알게 되었습니다. 하지만 세계적인 차세대 광통신망에 우리가 관여하고 있다는 사실은 우리가 여전히 이 시장에 자리를 잡고 있다는 점을 말해줍니다.

우리는 다양한 포트폴리오를 가지고 있기 때문에 비즈니스 전체를 자세히 살펴 기존의 기술을 응용하는 새로운 방법을 찾을 수 있습니다. 일례로 자동차 센서 기술은 보안 및 의료건강 부문에도 사용될 수 있습니다. 또 의료 영상은 국토 안보와도 관련이 있는 것으로 드러났습니다. 2003년, 운송 보안국은 13억 7,000만 달러에 이르는 미국의 모든 민간 공항에서 검사받는 수화물을 스캐닝하는 폭탄 검출장치의 설치 및 서비스 공동계약을 지멘스와 보잉에 발주했습니다. 항공 물류, 건물 보안, 수화물 처리 및 엑스레이 영상 분야의 전문지식이 있었기 때문에 우리는 그 계약을 성사시킬 수 있었습니다. 그리고 다음 단계에서 우리는 이 기술과 지식을 이용해서 다른 제품과 서비스(정보, 기술, 건물 제어, 소방 등)를 개발했습니다.

성공적인 인수는 어떤 면에서 고객과의 돈독한 관계에서 비롯되는 것이라고 볼 수 있습니다. 2004년 4월, 우리는 앨라배마의 헌츠빌에 소재한 다임러크라이슬러의 자동차 전자산업 부문을 매입했습니다. 인수 직후 10억 달러의 매출 신장을 기록하면서 기존 고객과의 거래도 늘었고 우리의 제품도 증가했습니다. 다임러크라이슬러의 경영진은 이 같은 사업을 아무에게나 매각하려 하지 않았습니다. 이들은 다임러크라이슬러가 지멘스와 오랫동안 관계를 맺어왔기 때문에 우리에게 접근한 것입니다. 특히 자동차 기술에서 이루어지는 대부분의 발전은 전자산업에서 비롯될 가능성이 크기 때문에 이들은 지멘스의 혁신 기술과 뛰어난 품질을 얻고자 했습니다.

성공적인 성장을 가져오는 모든 요인들(전략적 기반, 시장 지식, 뛰어난 유통, 다양한 제품 포트폴리오, 고객 관계) 중 성숙한 산업에서 성공을 가져오는 요인은 독창성에 대한 전향적인 자세입니다. 기존 및 잠재적 고객에게 다가갈 수 있는 경쟁력을 갖추려면 기업은 새롭고 효율적이며, 창조적인 방법들을 지속적으로 찾아야 합니다. 전략적 인수를 통해서든, 사내 연구 및 개발을 통해서든, 벤처 캐피털 투자를 통해서든, 파트너십을 통해서든, 리더들은 현재의 운영 방식 너머를 내다보는 눈으로 유동적인 시장 상황에 신속히 적응해야 합니다. 성장 산업에 있는 젊은 기업들은 이 같은 변화를 도모하는 것이 보다 쉬울 수 있습니다. 하지만 연륜이 있는 기업들은 의미 있는 혁신을 지속적으로 추구하는 것 외에는 방법이 없습니다.

타이슨푸드의 CEO **존 타이슨**

우리는 매출 성장이 쉽지 않고, 지속적인 선형 방식만으로는 성장이 가능하지 않다는 사실을 받아들여야 합니다. 1/4분기에는 성장하고, 그 다음 분기에는 평평해지고, 다시 성장을 위해 전략을 정리하다 보면 그 다음 분기에는 오히려 성장이 위축될 수 있습니다.

타이슨푸드는 인수와 함께 회사 직원들의 헌신에 힘입어 성장한 기업입니다. 우리는 1960년대 중반 이래로 30건 이상의 인수합병을 시행했습니다. 가장 눈에 띄는 합병으로는 몇 년 전 우리보다 규모 면에서 2배가 넘고, 우리에게 육류 식품사업을 제공한 IBP와의 합병을 들 수 있습니다.

두 기업을 합병하는 것은 생각보다 간단했습니다. 두 기업 모두 범용화된 육류 제공에서 벗어나 부가가치 제품의 제조를 원했기 때문입니다. 그러자면 육류를 판매하기 전에 이 사업의 수준을 높여야만(일례로 육류에 소스나 향을 첨가해서 요리를 하는 것) 했습니다. 그렇게 되면 우리는 더욱더 성장할 것이라고 생각합니다. 편의나 가치를 더하고, 1파운드의 단백질을 50센트가 아닌 1달러에 팔 수 있다면 매출은 물론 수익도 증가할 것입니다. 예전부터 아버지는 내게 입버릇처럼 단백질을 더 이상 섭취하지 말라고 하셨습니다. 단백질만을 파는 것으로는 매출과 수익을 실현할 수 없습니다.

합병할 당시 타이슨은 10~15년에 걸쳐 부가가치를 만드는 가금류 제품을 생산하는 방향으로 변화를 모색하고 있었습니다. 그리고 2년에 걸쳐 부가가치 제품을 특화한 14개 기업을 인수했습니다. 이 기업들이 그때까지는 IBP에 통합되지 않았기 때문에 합병은 IBP, 14개의 기업, 그리고 타이슨푸드 간에 이루어진 3자 합병이었습니다. 성격이 다른 세 분야의 기업은 사업 운영방식에 서로의 노하우를 제공했습니다. 그리고 이같은 지식은 새롭게 결합한 조직 전체에 스며들었습니다. 우리는 공통의 비전, 곧 '육류제품을 관리 및 가공하는 산업에 속해 있지만 농업에 기반한 운영을 도모한다'라는 공감대가 형성되어 있습니다.

합병과 인수는 늘 원활하게 이루어지지만은 않습니다. 일례로 1990년대, 우리는 수산업에 진입하려고 했습니다. 하지만 그것은 가금류 육류(쇠고기, 돼지고기)를 생산하는 것과는 달랐습니다. 우리는 규제기관이 어획량과 기록에 기초해 쿼터제를 실시할 것이라고 판단했습니다. 하지만 그렇게 하기까지 예상보다 많은 시간이 소요되었습니다. 모든 기업이 100톤의 생선을 놓고 경쟁을 해야 한다면, 아무래도 선원들이 거친 바다를 상대로 위험을 무릅쓰면서 조업을 하는 기업이 인센티브를 가지게 됩니다. 이런 상황들이 운영을 어렵게 만들었습니다. 우리는 3~4년간 노력했지만, 결국 수산업 사업부문을 매각했습니다.

하지만 우리가 수행한 인수의 대부분은 성공작이었습니다. 이는 외식의 수요 추세를 예측한 전임자들의 능력 덕분이었습니다. 현재 우리는 3가지 핵심 범주(음식 서비스, 소매, 그리고 해외 사업부문 운영)에서 매출 성장의 기회를 찾고 있습니다.

음식 서비스 및 소매 부문에서의 성장은 가까운 장래에 상당히 유기적으로 이루어질 것입니다. 그리고 그것의 상당 부분은 전술적 실행(길거리에서 고객과 일대일로 얼굴을 맞대고 이루어지는)에 달려 있습니다. 우리는 가금류 육류 소비자들을 어떻게 잡을 수 있는지, 그리고 기존의 기술을 어떻게 확장할 것인지에 대해 진지하게 생각해봐야 합니다. 닭은 튀겨서 먹을 수 있는데, 왜 쇠고기와 돼지고기는 튀겨서 먹지 않는 것입니까?

IBP 인수를 통해 우리는 쇠고기 인스턴트 가공육 및 돼지고기 인스턴트 가공육 사업부문에 진출했습니다. 그에 따라 닭고기와 칠면조를 인스턴트 가공육 라인에 부가하는 방법을 찾아야 합니다. 우리는 사람들이 혼자서 또 가족과 함께 식사를 즐길 만한 장소가 매우 많다는 사실에 주목하고 있습니다. 사람들은 어디에서든(야구장, 노점, 자판기 등) 음식을 먹을 수 있습니다. 우리는 이러한 유통 시스템에 부합하는 제품들을 만들어야 합니다. 또 사람들이 우리의 음식을 배고픈 시간에 어디서나 사먹을 수 있게 해야 합니다. 현재 스낵과 음료수는 어디서든 사먹을 수 있습니다. 그런데 단백질 제품은 어떻습니까? 아직은 단백질 제품을 어디에서나 구입할 수는 없습니다.

타이슨의 해외 사업부문은 아직 제대로 개발되지 않았습니다. 이 부문의 성장은 합작 투자 및 인수에서 비롯될 것으로 보고 있습니다. 미국 외의 다양한 장소에 대한 지역적 지식을 활용할 수 있는 방법이 있습니다. 바로 사료용 곡물을 생산하는 등 대규모 농업이 가능한 브라질, 중국, 러시아와 같은 국가들과 협력관계를 이루면서 육류 생산을 하는 것입니다.

더 나아가 우리는 가능성 있는 접근방식을 사용해 마케팅을 해야 합니다. 또한 가공 처리된 원자재를 구매함으로써 생산 시스템을 지원할 수 있습니다. 이러한 지름길은 부가가치 제품을 만들기 위해 필요합니다. 우리가 선택한 전략은 농업 무역정책에 의해 어느 정도 성패가 결정 납니다.

한 기업이 유기적으로 성장하든, 인수를 통해 성장하든 기업의 성공에는 3가지 요소가 필요합니다. 첫째, 앞서 말했듯이 산업 동향을 예측하는 능력입니다. 둘째, 신속하게 행동하거나 대응하는 능력입니다. 예를 들어 거래에 응할 준비가 되어 있는 사람으로부터 전화를 받는다면 신속하게(일주일 내에) 움직여야 합니다. 그렇지 않으면 늦습니다. 즉, 판매할 수 있는 기회를 놓치게 되는 것입니다. (저는 이런 일들을 많이 보아왔습니다.) 관심이 없을 경우에도 전화를 준 사람에게 성실히 답변해주어야 합니다. 이렇게 하면 관계가 깨지지 않습니다.

셋째, 동종 산업에 있는 사람들과의 관계입니다. 단백질 산업은 여전히 상당 부분 가족 기업들이 대대로 운영하고 있는 경우가 많습니다. 이 기업들이 다른 기업에 넘어가는 경우는 거의 없습니다. 매년 열리는 박람회에 가보면 몇 대에 걸쳐 사업을 운영하는 집안을 쉽게 볼 수 있습니다. 그들과 견고한 관계를 만들고 그 관계를 꾸준히 유지해나가면 경쟁사들보다 앞서서 중요한 정보(예를 들어 곧바로 매각할지도 모르는 기업에 대한)를 들을 수 있고, 따라서 중요한 기회를 보다 빨리 알아챌 수 있습니다.

뱅크 오브 아메리카의 CEO **케네스 루이스**

뱅크 오브 아메리카는 플리트보스턴 파이낸셜을 인수함으로써 최근 세간의 화제가 되었습니다. 전임자 휴 맥콜이 수행한 인수들을 통해 20년 정도 꾸준히 성장한 후에야 우리는 지난 5년간에 걸쳐 유기적 성장을 강조할 수 있었습니다. 그러나 플리트보스턴 파이낸셜 거래로 인해 우리는 지금까지 지켜온 우리의 전략을 바꾸고 있는 건 아닌지 상당한 의구심을 가지게 되었습니다.

그리고 그것은 새로운 출발이었습니다. 유기적 성장에 집중하자는 우리의 결정은 톡톡히 보상받았습니다. 우리는 매출을 내기 어려웠던 지난 해에도 10퍼센트 이상 성장했습니다. 2001년 초, 우리는 기본적으로 새로운 고객 계좌에 의존해서 사업을 운영하고 있었습니다. 현재 우리는 올해 합병으로 새로 늘어난 계좌를 포함하지 않고도 200만 개 이상의 계좌를 얻기 위해 발 빠르게 움직이고 있습니다. 나아가 우리의 핵심 비즈니스를 지속적으로 성장시키고 있습니다. 또한 우리는 향후 3~4년에 걸쳐 500개 정도의 새로운 지점을 개설할 계획을 가지고 있습니다. 이는 매출 성장을 가져오기 위한 장기간의 투자입니다. 새로운 지점에서 수익을 실현하는 시간이 18개월 정도 소요되기 때문입니다.

하지만 중요한 것은 어느 정도 경영자는 기회주의자적인 자세를 가져야 한다는 것입니다. 왜 플리트보스턴 파이낸셜인가? 왜 지금 당장인가? 그것은 지금 당장 쓸모가 있기 때문입니다.

우리는 사람들이 해변에 있는 매력적인 주택을 보듯이 그것을 보았습니다. 뉴잉글랜드에는 상당한 부의 기반이 있습니다. 따라서 플리트보스턴 파이낸셜 인수에 힘입어 장기간의 유기적 성장을 실현하기 위한 기회는 더 많아질 것입니다. 뿐만 아니라 뱅크 오브 아메리카가 추진하고 있는 종합적 고객관계 전략에 힘입어 다수의 플리트보스턴 파이낸셜 고객과의 관계도 보다 돈독해질 것입니다. 우리는 그들의 니즈에 부합하는 재무 솔루션을 추천할 수 있습니다.

우리는 기업들을 합병할 때 과거의 합병에서 배운 교훈들을 적용할 것입니다. 우리는 1998년 네이션즈 은행이 운영하던 바네트 은행과 합병할 당시 많은 교훈을 얻었습니다. 이 합병에서 가장 큰 문제는 지나치게 많은 것들을 한꺼번에 시도하려 했던 것입니다.

네이션즈 은행과 바네트 은행은 플로리다에 상당히 많은 지점을 두고 있었습니다. 그래서 우리는 200개 정도의 지점을 폐쇄함으로써 중복되는 지점들을 없앴습니다.

동시에 새로운 거래 처리 시스템을 마련했고, 남아 있는 지점들의 브랜딩을 새로이 했습니다. 우리는 이 같은 모든 일들을 매우 성급하게 처리했습니다. 이 모든 일들을 처리하는 데 1주일도 채 걸리지 않았습니다. 그때가 1998년 10월이었습니다. 1998년 9월 30일, 네이션즈 은행과 이전의 뱅크 오브 아메리카는 합병 이후 새로운 뱅크 오브 아메리카가 되었습니다. 그러나 새로 도입한 시스템과 프로세스에서 발생하는 사소한 실수로 인해 고객들의 불만은 커져갔고, 결국 우리는 상당수의 고객을 잃게 되었습니다. 후에 생각해보니 그것은 오만하고 경솔한 전략이었습니다.

우리는 지점 폐쇄와 관련해 몇 가지 착오가 있었습니다. 그때까지 우리는 고객이 가장 가깝고 편한 은행에만 간다고 생각했습니다. 그런데 다수의 고객은 기존에 가던 은행이 친숙하기 때문에 새로운 네이션즈 지점을 지나치면서까지 바네트 지점만을 찾았습니다. 나는 합병을 기쁘게 생각합니다. 하지만 합병 프로세스로 인해 우리 브랜드와 고객 충성도, 그리고 우리의 재정 결과와 제휴 기업들은 피해를 입었습니다.

플리트보스턴 파이낸셜과의 합병은 비교적 어려움이 덜하지 않았나 싶습니다. 과거 경험에서 얻은 교훈에 힘입어 지점이 중복되게 일을 처리하지 않았기 때문입니다. 그러나 기업 전체가 이러한 합병에만 온 힘을 기울여서는 안 됩니다. 우리가 전달하려 애써왔던 메시지는 '합병에 관련되지 않았으면 관여하지 말라'는 것입니다.

회사의 다른 사업부문의 75퍼센트가 평소처럼 비즈니스를 지속하지 않았다면 우리는 성공하지 못했을 것입니다. 미드웨스트에 있는 상업 은행 경영진은 플리트보스턴 파이낸셜과의 합병을 처리하기 위해 굳이 뉴잉글랜드로 오지 않아도 됩니다. 그는 합병 계획을 세우는 데만 온 힘과 온 신경을 기울여야 합니다. 합병 초기에는 내가 상당히 관여할 것이고, 그 후에 많은 사람이 기업의 세분화 시장에서 리더가 되면 내가 개입하는 부분은 점차 줄어들 것입니다. 그러나 지금은 2가지(합병 계획과 합병과 관련된 일 처리) 모두에 관여할 것입니다.

5년 전 유기적 성장에 집중하자고 했을 때, 우리는 기업을 어떻게 경영할 것인지에 대한 3가지 측면, 곧 적절한 사람들을 적절한 위치에 배치하고, 사업의 운영에 우리의 강점을 결합하고, 비즈니스의 모든 요소에 품질 및 생산성을 집중시켜야 한다는 사실을 알고 있었습니다. 우리가 플리트보스턴 파이낸셜과 합병해서 계속 전진할 때도 이 요소들은 우리의 최우선 사항이 될 것입니다.

직원 배치 문제의 경우, 경영자 자신이 추구하고 싶은 사업에 적절한 인력을 가지고 있는지를 세심하게 살펴야 할 것입니다. 주택융자 부문을 아웃소싱하는 플리트보스턴 파이낸셜은 지나가다 들러서 모기지에 대해 질문하는 고객들에게 상담을 위한 무료 전화를 제공해야 합니다. 우리의 플리트보스턴 파이낸셜 지점들은 모기지 중개인을 둠으로써 이러한 서비스를 제공하고 있습니다.

우리의 강점을 사업 운영에 적용하는 문제와 관련해 우리는 전략과 인센티브 사이의 연결관계를 개선해왔습니다. 몇 년 전, 우리는 지점 관리자들에게 실적이 좋은 고객들의 명단을 최상위 프라이빗 뱅크 부문으로 넘기라고 요청했습니다. 우리는 우리의 요청을 들어준 관리자들에게 적절한 보상을 해야 했습니다. 제휴 은행들이 보유하고 있던 최고의 고객들을 넘겨줄 이유가 전혀 없었기 때문입니다. 우리는 이 고객들의 이름을 공유하기 위해 재정적인 편의를 지점 관리자들에게 제공했습니다.

마지막으로 우리의 품질 및 생산성의 핵심은 실수를 줄이는 데(이는 고객을 유지하고 수익성을 실현하는 데 매우 중요합니다) 있습니다. 우리 회사에 높은 만족도를 보이는 고객들(1부터 10을 기준으로 했을 때 9~10점을 주는)만이 우리와 계속해서 거래하려 하고, 우리 제품을 구매하고, 우리의 서비스를 추천할 것입니다.

우리의 프로세스를 보다 효율적으로 만들기 위해 우리 경영자들은 하나같이 개별 그린벨트 프로젝트를 이수했습니다(그린벨트는 식스시그마 교육의 인증 차원입니다). 2001년 이후 우리의 지불 오류율은 22퍼센트 떨어졌고, 같은 기간에 지불 속도는 10배 빨라졌습니다. 더욱이 2004년 초 이후 예금 오류율은 83퍼센트 떨어졌고, 고객 만족도(9~10점)는 41퍼센트에서 거의 52퍼센트로 증가했습니다. 이러한 개선으로 인해 이 기간 동안에만 25만 명 이상의 고객이 늘어났습니다.

기업의 장기간 성장은 지속적으로 상당히 유기적일 것이며, 전략적인 보완 인수로 이를 문제없이 이루어낼 것으로 기대합니다. 오래된 고객과의 관계를 개선하고 새로운 고객을 유치함으로써 기업은 언제나 매출을 성장시킬 수 있습니다. 하지만 영속성을 유지하는 것이 필요합니다.

뱅크 오브 아메리카의 목표는 단기간의 전략 및 전술과 장기간의 전략 및 전술 간의 균형을 맞추는 것입니다. 나는 우리의 노력과 역량, 그리고 모든 사업부문에서 유기적 성장을 이끌어온 우리의 노고가 가까운 장래에 좋은 결과를 가져올 것이라고 믿습니다.

나스닥의 이사회 의장 겸 CEO **로버트 그리필드**

비선형 매출 성장을 추구하는 기업은 반드시 혁신해야 합니다. 이 교훈은 나의 오랜 경험을 통해 반복되고 강화되어온 것입니다. 1990년대 초 내가 오토메이티드 시큐어리티 클레어런스의 CEO였을 때, 우리는 전자주문 관리시스템으로 나스닥 시장에 최초로 상장된 회사였습니다. 우리의 제품은 독특했고, 상당한 부가가치를 창출했습니다. 그 결과 우리는 혁신가로서의 수익을 차지할 수 있었습니다. 그리고 최초의 전자 커뮤니케이션 네트워크 가운데 하나인 브라스 유틸리티(거래 비즈니스에서 여전히 강력한 경쟁사인 브럿 ECN의 선구기업)를 만들었습니다.

오늘날 나는 또다시 혁신에 담긴 가치를 배우고 있습니다. 나의 스승은 나스닥에 상장된 기업들입니다. 거의 예외 없이 엄청난 매출 성장을 기록하고 있는 이 기업들은 어떤 것을 만들고 시행하거나, 새로운 판매 기법을 개발하고 있습니다.

혁신은 선점기업들의 수익을 가져가는 새로운 선점기업을 만들어냅니다. 혁신은 경쟁의 정체를 뒤흔들고, 성숙한 비즈니스로 나아가게 하고, 실수를 통해 교훈을 얻게 합니다. 유기적 성장에 주력하는 기업들의 경우 실패(성공에 대해 온당한 비율로)는 기업 성장의 상징입니다. 이와 대조적으로 합병 및 인수는 철저한 계획에 따라 꼼꼼하게 실현되어야 합니다. 합병 및 인수는 혁신을 실행할 능력에 대해 의심을 품고 있는 기업들이 차선으로 선택한 보잘것없는 성장전략에 지나지 않습니다.

우리에게 혁신이란 나스닥에서의 성장을 가속화하기 위한 목적으로 선택해서 사용하고 있는 수단입니다. 우리는 주식 비즈니스의 거래 부분에서 변화해야만 하는 중요한 목표를 가졌습니다.

경쟁은 뉴욕증권거래소의 브랜드뿐만 아니라 ECN의 기술적인 요인으로 인해 더욱 치열해졌습니다. 다수의 비즈니스가 어려움을 겪은 것처럼 지난 몇 년간 우리는 어려움을 겪었습니다. 시장에서의 가격 압박과 함께 역사적으로 거래량이 많았던 때와 비교해 거래량이 감소되는 환경에서 시장 점유를 두고 치열하게 경쟁하고 있습니다.

우리 산업은 특정한 어려움에 직면하고는 합니다. 우리는 다른 조직들보다 더 엄격한 매개변수 내에서 일해야 합니다. 우리의 정관은 우리 이익에 앞서 투자자의 이익에 더 많은 가치를 두도록 강요합니다. 이 말은 종종 우리가 원하는 만큼 신속하게 혁신을 구현할 수 없다는 것을 의미합니다. 하지만 투자자들에게 좋은 것은 결국 우리 시장에도 좋고 궁극적으로 우리의 비즈니스에도 좋다는 의미입니다.

또한 우리 산업은 수천 명의 혁신 리더들에게 접근할 수 있어 다른 유형의 조직보다 우위를 누리고 있습니다. 우리는 나스닥에 상장된 기업들의 실행 사례를 따르고 있습니다. 야후의 CEO인 테리 시멜에게서는 팀을 이용해 새로운 아이디어를 만들고, 그것을 엄격하게 검토하는 방법을 배웠습니다. 큐로직의 H. K. 데사이에게서는 결산보고를 한 컨퍼런스 콜 이후 모든 기업이 있는 자리에서 타운 홀 미팅을 개최하는 전략을 채택하는 것을 배웠습니다.

다른 변화로는 우리의 인트라넷에 전자 제안 공간을 만든 것, 새로운 아이디어를 제안하거나 논의를 위해 우리의 부사장들과 정기적인 미팅을 가지는 것, 우리 제품 저마다의 수익성을 측정하는 매우 상세한 분석

형태에 관여하는 것 등이 있습니다.

혁신 강조에 힘입어 우리는 매출을 끌어올릴 만한 2가지 제공물을 만들었습니다. 먼저 우리는 상장 비즈니스를 확장했습니다. 전통적으로 기업들은 나스닥과 뉴욕증권거래소를 선택해왔습니다. 그래서 1월에 우리는 이중 상장 서비스를 도입했습니다. 그리고 1,570억 이상의 시가총액을 보유하고 있는 7개의 기업을 2개의 주식시장에 상장하기로 결정했습니다. 둘째, 뉴욕증권거래소 및 다른 시장과 적극적으로 경쟁하기 위해 독점 상장을 따낼 목적으로 우리는 새로운 영업 팀을 만들었습니다.

또 폐장시간인 오후 4시에 투자자들에게 예상주가를 투명하게 제공해줄 새로운 유형의 주문 기능인 클로징 크로스Closing Cross를 개발했습니다. 클로징 크로스는 특정한 주식들의 매입·매각 수익을 하나로 묶고, 나스닥 증권의 공급 및 수요를 반영하는 단일가에 각각의 주식의 모든 지분을 집행합니다.

투명성과 정확성이 높아짐으로써 각 산업에서 이루어지는 주요 거래의 주가 매김이 보다 확실해졌고, 뮤추얼 펀드에 대한 순자산가치를 보다 정확하게 계산할 수 있게 되었습니다. 뿐만 아니라 폐장시간에 맞추어 거래 양 당사자에게 매출을 제공함으로써 우리는 더욱 성장하게 되었습니다.

나스닥 종합지수는 세계에서 가장 많이 알려진 지수로 꼽힙니다. 하지만 우리의 주식시장 비즈니스와 우리의 지수는 동일하지 않습니다. 우리의 비즈니스는 우리의 시장에 상장된 비즈니스들을 반사하고 있다는 사실을 알아야 합니다. 결코 혁신을 멈춰서는 안 됩니다.

8

매출과 수익을 모두 실현하는 전략적 사고

김위찬
W. Chan Kim

르네 마보안
Renée Mauborgne

요약 | 매출과 수익을 모두 실현하는 전략적 사고

고성장을 유지해나갈 수 있는 기업이 있는가 하면 그렇지 않은 기업도 있다. 그 이유는 무엇일까? 김위찬과 르네 마보안은 전 세계에 있는 30개 이상의 기업을 대상으로 5년간 이 물음에 대한 답을 연구해왔다. 이들의 연구 결과, 덜 성공하는 조직은 종종 경쟁에서 앞서려고 하는 열망에 사로잡혀 있다는 사실을 발견했다. 이와는 대조적으로 고성장 기업들은 경쟁사들에 대응하거나 그들을 이기는 데에는 관심을 기울이지 않았다. 대신 이 기업들은 저자들이 말하는 '가치 혁신'을 통해서 경쟁사들과는 상관없이 성장을 이룬다.

전통적인 전략을 전략의 기본 차원에 두어서는 안 된다. 다수의 기업은 자사의 산업 조건을 주어진 것으로 여기지만 가치 혁신가들은 그렇게 생각하지 않는다. 다수의 기업이 경쟁사를 전략 사고의 매개변수로 생각하는 반면, 가치 혁신 기업은 경쟁사를 벤치마킹 대상으로 이용하지 않는다. 가치 혁신 기업은 고객들 간의 차이점에 주력하는 한편, 고객들이 공통적으로 가치 있다고 생각하는 것들을 찾는다. 가치 혁신 기업은 기존의 자산 및 역량에서 기회를 찾기보다는 "우리가 다시 한 번 시작한다면 어떻게 될 것인가?"라고 묻는다.

『하버드 비즈니스 리뷰』에 게재한 이 글에서 저자들은 호텔의 기존 개념을 버리고 고객이 실제로 원하는 것, 곧 '저렴한 가격의 편안한 잠자리'를 제공하는 데 관심을 가진 프랑스 호텔 체인인 아코르에 대해서 말한다.

버진애틀랜틱항공은 퍼스트 클래스 서비스를 없애고, 절약한 자금을 비즈니스 클래스 탑승객을 위한 혁신에 투자함으로써 항공 산업의 통념에 도전장을 내밀었다. 경쟁에서 우위를 구축할 목적은 아니었으나 결국 이들은 혁신적인 실천에 힘입어 경쟁에서 앞서게 되었다.

날이 갈수록 치열해지는 경쟁 환경에서 이익이 되는 성장을 지속해나가는 것처럼 엄청난 어려움은 없다. 그렇다면 일부 기업은 어떻게 매출과 수익 면에서 고성장을 유지할 수 있는가? 고성장 기업들과 그렇지 못한 기업들을 5년간 연구하면서 얻게 된 답은 전략에 접근하는 방법에 따라 성공이 좌우된다는 것이다.

이러한 접근방법의 차이는 경영자들이 하나의 분석도구를 선택하거나, 다른 모델보다 뛰어난 모델을 계획하는 단순한 문제가 아니었다. 차이는 전략에 대한 기업의 근본적이고 절대적인 추정에 있었다. 덜 성공한 기업들은 전통적인 접근방법을 취했다. 이들의 전략적 사고는 경쟁에 앞서려고 하는 생각에서 비롯되었다.

이와는 지극히 대조적으로 고성장 기업들은 경쟁사에 대응하거나 그들을 이기려고 하는 데에는 거의 관심을 기울이지 않았다. 이 기업들은 그보다는 우리가 말하는 '가치 혁신'이라는 전략을 통해 자사를 경쟁사들과 관계 없는 기업으로 만들었다.

일례로 영화관을 운영하는 벨기에 기업인 버트 클레이즈의 경우를 생각해보자. 1960년대부터 1980년대에 이르기까지 벨기에의 영화관 산업은 쇠퇴일로에 있었다. 비디오와 위성 케이블 텔레비전의 보급으로 인해 벨기에인들의 연 평균 영화관람 횟수는 8회에서 2회로 떨어졌다. 1980년대, 다수의 영화관 운영자들은 영화관을 닫을 수밖에 없었다.

계속해서 영화관을 운영하는 사업자들은 규모가 축소된 시장을 두고 치열한 경쟁을 벌였다. 모두가 유사한 행동을 취했다. 이들은 영화관을 10개의 상영관을 갖춘 멀티플렉스로 전환하고 많은 영화를 상영하는 등 모든 세분화 시장을 공략했으며, 음식과 음료 서비스를 확장하고 상영 횟수도 늘렸다.

기존의 자산을 이용하려는 이 같은 노력은 1988년, 그러니까 버트 클레이즈가 키네폴리스를 만들었을 때 모두 무의미한 것으로 귀결됐다. 일반적인 영화관도 아니고 멀티플렉스도 아닌 키네폴리스는 25개 상영관에 7,600석을 갖춘 세계 최초의 메가플렉스이다. 영화 관람객들에게 매우 뛰어난 경험을 제공함으로써 키네폴리스는 첫해에 브뤼셀 시장의 50퍼센트를 차지하는 등 시장점유율을 약 40퍼센트 늘려나갔다. 오늘날 다수의 벨기에인들은 '영화관에서 저녁시간을'이라고 말하지 않고 '키네폴리스에서 저녁시간을'이라고 말한다.

키네폴리스와 벨기에의 다른 영화관들 간의 차이점들을 생각해보자. 일반적인 벨기에 멀티플렉스는 종종 가로세로 7×5미터 크기의 스크린과 35밀리미터 영사기를 갖추는 등 100석에 지나지 않는 소형 관람석을 가지고 있다. 이에 반해 키네폴리스는 최고 700석을 갖춘 상영관에, 다리를 뻗을 수 있는 충분한 공간이 있기 때문에 누군가가 지나갈 때 관람객들은 굳이 몸을 움직이지 않아도 된다.

버트 클레이즈는 개별 팔걸이가 있는 대형 좌석을 설치했고, 모든 사

그림 8-1 키네폴리스는 어떻게 수익성 있는 성장을 실현했는가?

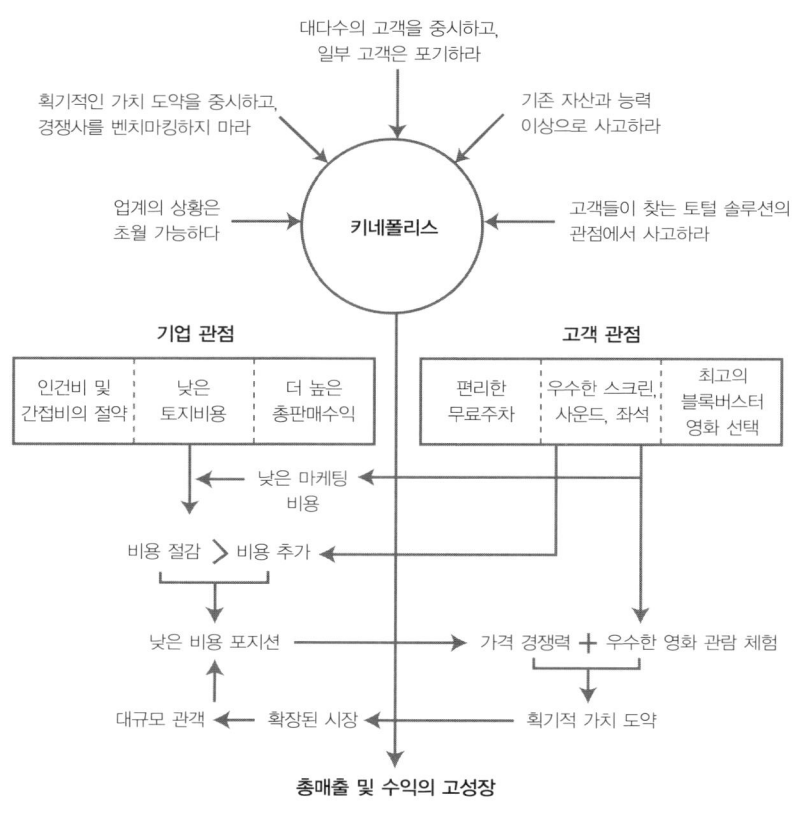

람이 방해받지 않고 영화를 관람할 수 있도록 바닥을 경사지게 디자인했다. 키네폴리스의 스크린은 가로세로 29×10미터다. 그리고 스크린이 다른 것들에 영향 받지 않고 그 자체의 기초석에 걸려 있기 때문에 음향 진동이 스크린에 전달되지 않는다. 다수의 상영관에는 70밀리미터 영사기와 최첨단 음향 장치가 설치되어 있다. 또한 키네폴리스는 도심에서

15분 정도 떨어진 외곽순환도로변에 위치해 영화관이 최고의 시내 중심가에 있어야 한다는 영화 산업의 통념을 깼다. 관람객은 규모가 크고 쾌적한 공간에 무료로 주차한다. (버트 클레이즈는 브뤼셀 대다수 영화관들이 안고 있는 관람객들의 문제인 주차공간 부족과 높은 주차비용을 해결했다.)

영화관 산업에서 최저 비용구조 가운데 하나로 밝혀진 메가플렉스 개념에 힘입어 영화 관람 가격을 인상하지 않고도 버트 클레이즈는 고객에게 매우 뛰어난 영화 관람 경험을 제공하고 있다. 키네폴리스에 하나의 좌석을 설치하는 평균 비용은 벨기에 프랑으로 7만 프랑 정도인데, 이는 브뤼셀의 영화관 산업 평균의 절반에도 미치지 못한다. 어떻게 이러한 비용구조가 가능한 것인가? 메가플렉스는 부동산 가격이 저렴한 시내 외곽에 자리 잡고 있기 때문이다.

메가플렉스는 그 규모로 인해 물품을 경제적으로 구매할 수 있고 필름 유통자들을 보다 많이 이용할 수 있었기 때문에 전체적으로 수익이 개선되었다. 나아가 25개의 스크린을 통해 키네폴리스는 전체 직원 및 총비용에서도 경제성을 실현한다. 뿐만 아니라 버트 클레이즈는 광고에 약간의 비용만을 소요한다. 이 기업의 가치 혁신이 상당히 긍정적인 입소문을 만들어냈기 때문이다. 매력이 떨어지는 영화 산업에서 키네폴리스는 괄목할 만한 성장과 수익을 실현했다. 벨기에의 영화 관람객은 키네폴리스가 생겨난 이래 예전보다 영화관을 더 자주 찾는다. 그리고 영화관을 한 번도 가보지 않았던 사람들도 점차 영화관을 찾고 있다. 버트 클레이즈는 시장 세분화를 두고 경쟁사들과 전투를 벌이기보다는 경쟁 자체를 무의미하게 만들었다(그림 8-1 참조).

왜 다른 영화관 경영자들은 이 같은 기회를 잡지 못했는가? 이들과 마찬가지로 처음에는 버트 클레이즈도 벨기에 전역의 영화관 네트워크라는 매몰투자의 문제를 가지고 있었다. 그런데 버트 클레이즈는 일부 극장 경영자들보다는 키네폴리스의 투자 가치를 높게 보았다. 대부분의 극장 경영자들은 암묵적으로든 명시적으로든 다음과 같은 생각을 하고 있었다. '산업 규모가 점차 줄어들고 있으니 일정 이상의 투자(특히 고정자산)는 하지 말아야 한다. 하지만 경쟁의 핵심 차원에서 경쟁사들을 능가하면 더 좋은 성과를 올릴 수 있다. 우리는 좋은 영화, 뛰어난 서비스, 뛰어난 마케팅을 해야 한다.'

버트 클레이즈는 이와는 전혀 다른 전략을 취했다. 버트 클레이즈는 경쟁사들보다 뛰어난 것이 아니라 완전히 다르고 그들이 상상하지 못한 영화관 경험을 설계했다.

버트 클레이즈는 그것이 시장에 새롭게 진입하는 것이라고 생각했다. 버트 클레이즈는 폭넓게 공유된 고객 니즈에 집중함으로써 상당수 관람객들의 공감을 이끌어냈다. 고객에게 그들이 값지게 여기는 서비스 패키지를 제공하기 위해 버트 클레이즈는 기존의 영화관이 가지고 있는 전통적인 생각을 버렸다. 그들은 비용을 줄이면서 목표를 실현했다. 이것이 바로 가치 혁신의 이면에 있는 논리다.

전통적인 전략 vs. 가치 혁신 전략

전통적인 전략과 가치 혁신 전략은 5가지 전략적 기본 차원에서 서로 다르다. 이 차이점은 경영자들이 어떤 질문을 가지는지, 이들이 어떤 기회를 보고 추구하는지, 그리고 이들이 위험을 어떻게 이해하는지를 결정한다(표 8-1 참조).

표 8-1 전통적인 전략과 가치 혁신 전략

전략의 5가지 측면	전통적인 전략	가치 혁신 전략
산업 추정	업계의 상황은 주어진 것이다.	업계의 상황은 만들 수 있다.
전략적 집중	기업은 경쟁우위를 만들어야 한다. 그 목표는 경쟁사를 이기는 것이다.	경쟁사는 벤치마킹 대상이 아니다. 기업은 시장 지배를 위해 획기적인 가치 도약을 추구해야 한다.
고객	기업은 더 많은 고객 기반과 맞춤 서비스로 고객을 유지하고, 그 저변을 확대해야 한다. 그리고 고객들이 중요시하는 차이점에 집중해야 한다.	가치 혁신 기업은 대다수 고객들을 목표로 하고, 일부 기존 고객들은 기꺼이 포기한다. 그들은 고객들이 중요시하는 주요 공통점에 집중한다.
자산과 역량	기업은 기존 자산과 능력을 이용해야 한다.	기업은 이미 소유한 것에 구애받지 말아야 한다. 새로 시작하기 위해서는 먼저 무엇을 해야 할지 물어야 한다.
제품과 서비스의 제공	기업의 제품과 서비스는 업계의 전통적인 경계에 따라 결정된다. 목표는 이러한 제품과 서비스 제공의 가치를 최대화하는 데 있다.	가치 혁신 기업은 업계가 전통적으로 제공하는 제품과 서비스의 경계를 넘어서더라도 고객들이 찾는 토털 솔루션의 관점에서 생각한다.

산업 추정

다수의 기업은 자사의 산업 조건을 이미 주어진 것으로 보고, 그에 따라 전략을 세운다. 그러나 가치 혁신 기업은 이러한 통념에 도전한다. 가치 혁신 기업은 동일 산업에 속해 있는 다른 기업들의 행동에 관계없이 자신들만의 블록버스터 아이디어를 찾고, 이에 따른 엄청난 가치 증대를 꿈꾼다. 자사의 산업 조건을 주어진 그대로 보았다면 버트 클레이즈는 결코 메가플렉스를 만들지 못했을 것이다. 만일 그랬다면 버트 클레이즈는 끝내기 전략을 따르거나, 축소되는 시장의 지분을 차지하기 위해 경쟁 제로섬 전략을 따랐을 것이다. 그러나 버트 클레이즈는 키네폴리스를 통해 기존 산업의 조건들을 뛰어넘었다.

전략적 집중

다수의 기업은 경쟁사들이 자신들의 전략적 사고의 매개 변수를 정하도록 둔다. 이 기업들은 자신들의 전략 및 약점을 경쟁사의 그것과 비교해서 우위 구축에 집중한다. 다음 사례를 살펴보자. 수년에 걸쳐 미국의 주요 텔레비전 방송국은 동일한 형식으로 뉴스 프로그램을 만들었다. 각 방송국은 동일한 시간대에 방송을 내보냈고, 사건들에 대한 분석과 뉴스를 전달하는 프로 근성, 그리고 앵커의 인기를 두고 서로 경쟁을 벌였다.

1980년에 등장한 CNN은 타 방송국들과 경쟁하지 않고도 엄청난 가치를 증대시킬 수 있다는 것을 보여주었다. CNN은 하루 24시간 전 세계 실시간 뉴스로 대체하는 네트워크 형식을 취했다. 이로써 CNN은 세계 뉴스 방송국의 리더로서 새롭게 등장했을 뿐만 아니라 (전 세계에서 새로운 수요를 만들어냈고) 일반 방송국의 1시간 뉴스에 소요되는 5분의 1 비용으로 24시간 실시간 뉴스를 만들어낼 수 있었다.

전통적인 전략은 기업들이 점증적 시장 지분을 위해 가장자리에서 경쟁을 하도록 이끈다. 그러나 가치 혁신 전략은 엄청난 가치 증대를 가져옴으로써 처음부터 시장을 지배하려는 야심을 가지고 출발한다. 가치 혁신 기업들은 '경쟁사들이 취하고 있는 전략은 이것입니다. 그에 대응해서 이렇게 해봅시다'라고 절대로 말하지 않는다. 이 기업들은 경쟁사들을 확인하기는 하지만, 이를 벤치마킹 대상으로 이용하지는 않는다.

비즈니스 응용 소프트웨어의 글로벌 리더인 SAP의 부회장인 하소 플래트너는 이와 관련해서 이렇게 말했다. "나는 우리가 경쟁사들보다 뛰어난지에 대해서는 관심이 없습니다. 정말 중요한 것은 설령 우리가 마케팅에 집중하지 않더라도 구매자들이 여전히 우리 제품을 추구할 것인가 하는 문제입니다."

가치 혁신 기업들은 경쟁에 집중하지 않기 때문에 산업 경쟁의 모든 요소 중에서 뛰어난 가치를 가지는 요소들을 식별할 수 있다. 그들은 특정한 제품이나 서비스의 특징을 제공하기 위해 자신들의 자원을 소비하지 않는다. 그것은 경쟁사들이 이미 하고 있는 것이기 때문이다. 가령 CNN은 유명한 앵커를 잡기 위한 경주에 참가한 네트워크들과 경쟁하지 않겠다고 결정했다.

가치 혁신 전략을 따르는 기업들은 자신들의 자원을 자유롭게 이용함으로써 완전히 새로운 가치 원천을 확인하고 그것을 사용한다. 그러나 아이러니하게도 가치 혁신 기업들은 애써 경쟁우위를 구축하지 않더라도 최고의 경쟁우위를 실현하게 된다.

고객

다수의 기업은 자신들의 고객 기반을 유지 및 확장함으로써 성장을 추구한다. 이로 인해 고객의 특화된 니즈를 충족시키기 위해 제품을 더욱 세분화한다. 그러나 가치 혁신 기업들은 고객들 간의 차이점에 집중하기보다는 고객들이 중요시하는 강력한 공통점에 집중한다. 아코르의 한 경영진은 "우리는 고객을 하나로 묶는 것에 주력합니다. 고객들 간의 차이점은 가장 중요한 것을 보는 데 방해가 되니까요"라고 말한다. 가치 혁신 기업들은 대부분의 고객이 상당한 가치를 제공받으면 자신들과 다른 일반 기업들과의 차이점을 대수롭지 않게 여길 것이라고 생각한다. 설령 고객의 일부를 잃는다 해도 이 기업들은 시장의 핵심을 목표로 삼는다.

자산과 역량

다수의 기업은 자신들이 가진 기존의 자산과 역량에서 비즈니스 기회를 본다. 이 기업들은 '우리가 가지고 있는 것과 우리가 가장 잘할 수 있는 것은 무엇인가?' 라고 묻는다.

이와 대조적으로 가치 혁신 기업들은 '우리가 새롭게 시작한다면 어떨 것인가?' 라고 묻는다. 1980년대 말, 영국의 기업인 버진 그룹은 바로 이러한 질문을 스스로 던졌다. '획기적인 가치를 제공하는 음악 및 오락 메가스토어' 라는 아이디어를 생각했을 때, 이미 버진 그룹은 영국 전역에 걸쳐 상당한 규모의 소형 음반 체인점을 가지고 있었다. 자사의 소형 매장들을 혁신적 기회에 이용할 수 없다고 판단한 버진 그룹은 전체 체인을 매각하기로 결정했다. 이에 대해 버진 그룹의 한 경영진은 "지금 우리가 할 수 있는 것이 미래의 걸림돌로 작용해서는 안 됩니다. 우리는 새롭게 출발하는 접근방법을 취합니다" 라고 말했다.

그렇다고 해서 가치 혁신 기업들이 기존의 자산과 역량을 절대 이용하지 않는 것은 아니다. 그들도 그것을 이용한다. 하지만 그들은 편견이나 제한을 가지지 않고 자신들이 자리 잡고 있는 위치에서 비즈니스 기회들을 평가한다. 이 같은 이유로 가치 혁신 기업은 고객이 가치 있게 여기는 것(그리고 그것이 어떻게 변화하고 있는지를)을 통찰력 있게 볼 수 있을 뿐 아니라 이 같은 통찰력에 따라 행동할 가능성이 매우 높다.

제품과 서비스의 제공

전통적인 경쟁은 산업이 전통적으로 제공한 제품과 서비스에 의해 정의되고, 명확하게 자리 잡은 경계 안에서 이루어진다. 그런데 가치 혁신 기업들은 이 같은 경계를 뛰어넘곤 한다. 이 기업들은 고객들이 찾는 토털 솔루션 관점에서 생각한다. 마치 버트 클레이즈가 무료 주차공간을 제공함으로써 문제를 해결했던 것처럼 자사가 속해 있는 산업이 고객들에게 강요한 타협을 극복하려고 애쓴다. 컴팩의 한 고위경영진은 이 접근 방법에 대해 이렇게 설명했다. "우리는 우리의 제품과 서비스가 고객의 토털 솔루션 체인에 적합한지의 여부를 지속적으로 물었습니다. 나아가 전체 체인에 걸쳐 고객들이 가진 주요한 문제점을 해결하려고 노력하고 있습니다. 설령 우리가 새로운 방법으로 비즈니스를 해야 하더라도, 우리는 해야 할 것과 하지 말아야 할 것에 대한 산업의 정의에 휘둘리지 않습니다."

새로운 가치 곡선 만들기

가치 혁신 전략은 어떻게 제품으로 실현되는가? 아코르의 사례를 통해 살펴보자. 1980년대 중반, 프랑스의 중저가 호텔 산업은 침체와 과잉으로 고통을 겪고 있었다. 아코르의 공동회장인 폴 듀브룰과 제라드 페리송은 경영진에게 고객에게 제공할 엄청난 가치를 실현하라고 강력하게 요구했다. 또한 산업의 기존 규칙, 관례, 전통과 관련해 이미 알고 있는 모든 것들을 철저하게 잊으라고 강력하게 요청했다. 나아가 아코르가 새롭게 시작할 경우, 무엇을 어떻게 해야 할 것인가를 물었다.

1985년, 그들이 중저가 호텔인 포뮬원Formule 1을 출범시켰을 때 업계에는 명확히 세분화된 2개의 시장이 있었다. 그중 하나는 별이 없거나 별 하나짜리 호텔이었는데, 이 호텔들의 평균 객실 가격은 60~90프랑이었다. 고객들은 가격이 저렴하다는 이유로 이 호텔들을 찾았다. 또 다른 시장은 평균 객실 가격이 200프랑인 별 2개 등급의 호텔이었다. 비싼 호텔은 편안함과 쾌적함을 제공함으로써 하위 등급의 호텔들보다 많은 고객들을 유치했다. 고객은 자신이 지불한 만큼 안락함을 얻을 수 있을 것이라는 기대감으로 이 호텔들에 투숙했다. 다시 말해 고객들은 돈을 많이 내고 편안한 잠을 자거나, 돈을 적게 내고 불편한 환경에서 잠을 자야 했다.

아코르의 경영진은 모든 중저가 호텔(별이 없거나, 하나거나, 둘인 등급)을 찾는 고객들이 원하는 것이 무엇(저가의 편안한 잠자리)인지를 확인하는 것부터 시작했다. 이렇게 고객의 폭넓은 니즈에 집중하면서 아코르의 경영진은 산업이 고객에게 강요한 기준에서 벗어나고자 노력했다. 이들은 스스로에게 다음과 같은 4가지 질문을 했다. 첫째, 우리의 산업이 제거해야 할 것으로, 지금까지 당연하게 받아들였던 요소는 어떤 것인가? 둘째, 산업의 표준보다 훨씬 줄여야 하는 요소들은 어떤 것인가? 셋째, 산업의 표준보다 훨씬 높여야 하는 요소들은 어떤 것인가? 넷째, 우리는 산업이 한 번도 제공하지 않은 어떤 요소들을 만들어야 하는가?

첫 번째 질문은 경영진에게 기업이 고객에게 가치를 전달하기 위해 경쟁하는 요인들이 어떤 것인지를 생각하게 한다. 기존의 요소들은 가치가 없거나 가치가 떨어진다 해도 당연한 것으로 받아들여지곤 한다. 때때로 고객들이 값지게 여기는 것이 근본적으로 바뀌지만, 다른 기업을 벤치마킹하는 것에 집중하는 기업들은 이러한 변화에 아무런 조치를 취하지 않고 심지어는 변화를 인식조차 하지 못한다.

두 번째 질문은 경영진이 경쟁사에 대응하고 그들을 이기기 위해 제품 및 서비스가 지나치게 높은 기준으로 설정되지는 않았는지를 재고하고 다시 결정하게 한다. 세 번째 질문은 경영진으로 하여금 자사가 속해 있는 산업이 고객에게 강요했던 소비자 양보를 찾아내고 이를 제거할 수 있도록 한다. 네 번째 질문은 경영진이 산업의 기존 경계에서 보다 쉽게 벗어나 고객을 위한 새로운 가치 원천을 발견할 수 있게 한다.

이 질문들에 답하는 가운데 아코르는 호텔의 개념을 새롭게 재정의했다. 먼저 아코르는 값비싼 식당과 매력적인 라운지와 같은 호텔의 표준적인 특징을 없앴다. 설령 이로 인해 일부 고객을 잃는다 하더라도, 대부분의 고객들은 이와 상관없이 호텔을 계속 이용할 것이라고 판단했다.

아코르의 경영진은 중저가 호텔들이 고객들에게 지나친 봉사를 하고 있다고 생각했다. 이와 관련해 포뮬원은 대다수의 무등급 호텔들보다 더 낮은 서비스를 제공한다. 호텔의 프론트 직원은 고객이 제일 붐비는 시간과 체크아웃 시간에만 근무한다. 나머지 시간대에 고객들은 호텔 입구에 있는 자동접수기를 이용해 투숙할 수 있다. 포뮬원의 객실들은 매우 작고 침대만 달랑 하나 있을 뿐 문구류, 책상, 장식품 같은 필수적인 비치 용품이 없다. 벽장과 화장대 대신에 객실의 한쪽 구석에 몇 개의 선반과 옷걸이가 하나 있을 뿐이다. 객실 벽은 공장에서 생산된 벽돌을 쌓았다. 이 벽은 생산에서의 규모의 경제, 고품질 관리, 그리고 뛰어난 방음 효과를 가져왔다.

포뮬원을 통해 아코르는 상당한 비용 절감을 실현했다. 아코르는 객실 하나당 평균 건축비를 절반으로 줄였고, 25~35퍼센트(업계 평균)였던 인건비 비율을 20~23퍼센트로 떨어뜨렸다. 이러한 비용 절감 덕분에 아코르는 별 1개 등급 호텔보다 객실료는 조금 싸면서 평균 별 2개 등급 호텔 이상으로 고객들이 가치 있게 생각하는 요소를 개선할 수 있었다.

고객들은 이러한 아코르의 가치 혁신을 지지했다. 아코르는 프랑스의 수많은 중저가 호텔을 이용하는 투숙객들을 잡았을 뿐 아니라 시장을 계속 확대해나갔다. 이전에는 트럭 안에서 잠을 자던 장거리 트럭 운전사들부터 몇 시간의 휴식을 원하는 비즈니스맨들에 이르기까지 새로운 고객층이 이 새로운 중저가 호텔에 몰려들었다. 포뮬원은 경쟁 자체를 무의미하게 만들었다. 프랑스에서 포뮬원의 시장점유율은 이 호텔 다음으로 점유율이 높은 호텔 5개를 합친 것보다도 높다.

호텔 산업의 표준적인 사고방식과 아코르의 새로운 판단의 성과 차이는 가치 곡선(기업이 속해 있는 산업의 핵심 성공 요인 전체에 걸려 있는 한 기업의 상대적 성과를 그래픽으로 나타낸 것)을 통해 살펴볼 수 있다(그림 8-2 참조). 전통적인 경쟁 논리에 따르면 산업의 가치 곡선은 하나의 기본 형태를 따른다. 기업은 돈을 적게 들이고도 고객의 필요충분 요소를 충족시킴으로써 가치를 개선하려 한다. 하지만 대부분의 경쟁사들은 가치 곡선의 형태를 문제 삼지 않는다.

우리가 연구한 결과, 높은 성과를 실현하는 기업들은 아코르와 같이 근본적으로 새롭고 뛰어난 가치 곡선을 만들어냈다. 이 기업들은 기존의 특징을 없애고, 특징을 새롭게 만들고, 특징을 줄이고, 특징을 부가하는 방식을 통해 전례 없는 수준의 성과를 실현했다.

IBM에서 근무했었던 5명이 1970년대 초 독일의 발도르프에서 시작한 SAP는 세계적인 산업 리더가 되었다. 1980년대까지 비즈니스 애플리케이션 소프트웨어 제조업체들은 시장을 더 미세하게 세분화하는 데 주력했고, 생산 관리 · 물류 · 인적 자원 · 급여와 같은 구매자의 기능 필요성을 충족시키기 위해 자신들의 제품을 고객의 주문에 맞추었다.

대부분의 소프트웨어 기업이 특별한 애플리케이션 제품의 성과 개선에 주력한 반면 SAP는 대다수의 고객을 목표로 삼았다. SAP는 고객의 특성에 따라 경쟁을 하기보다 고객이 공통적으로 가치 있게 여기는 것을 찾으려고 노력했다. SAP는 대다수 고객의 경우, 고객의 주문에 특별히 맞추는 개별화된 소프트웨어 모듈의 성능 우위를 과대하게 평가해왔다는 사실을 정확하게 파악했다. 이 같은 모듈은 기업 전체에 실시간 데이

그림 8-2 포뮬원의 가치곡선

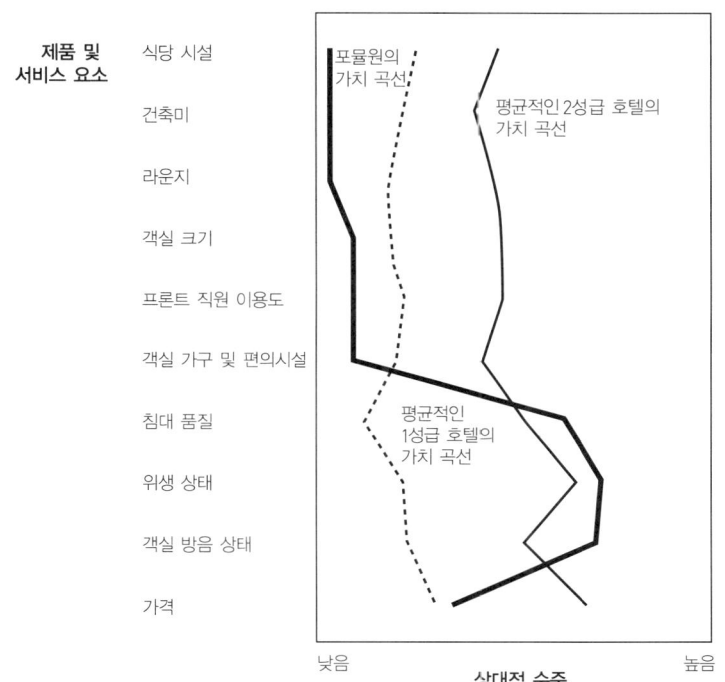

포뮬원은 프랑스의 대다수 저예산 호텔 투숙객들이 가장 필요로 하는 것은 훨씬 많이, 필요로 하지 않는 서비스는 훨씬 적게 제한함으로써 유례없는 가치를 제공하고 있다.

터 교환을 해주는 통합 시스템의 효율성 및 정보의 강점을 없앴다.

1979년, SAP는 메인프레임 컴퓨터용 실시간 통합 비즈니스 애플리케이션 소프트웨어 라인인 R/2를 출시했다. R/2는 대용량 하드웨어의 플랫폼에 대해 어떤 제한도 가지고 있지 않았다. 구매자들은 최상의 하드웨어를 이용해서 유지비용을 확연하게 절감할 수 있었다.

무엇보다 중요한 것은 R/2가 정확성 및 효율성 면에서 엄청난 이익을 가져다주었다는 점이다. R/2는 각각의 기업이 데이터를 한 번만 입력하면 언제든 사용할 수 있게 해주었기 때문이다. 나아가 R/2는 정보의 흐름을 개선시켰다. 판매 관리자는 제품 데이터베이스를 교차 참조함으로써 제품이 언제 고객에게 전달될 것인지를 알 수 있고, 혹은 왜 배송이 늦었는지에 대해서도 알 수 있다. SAP의 성장과 수익은 업계를 능가했다. 1992년, SAP는 클라이언트-서버 시장용 소프트웨어 라인인 R/3를 통해 새로운 가치 혁신을 실현했다.

경쟁과 모방 필요성의 함정

한 기업이 새로운 가치 곡선을 만든 이후에는 어떤 일이 벌어지는가? 경쟁사들은 그 기업의 가치 곡선을 모방하려 한다. 다수의 산업에서 가치 혁신 기업들은 오랫동안 경쟁사의 도전에 직면하지 않아도 되었다. 하지만 산업의 부문에 따라 경쟁사들이 신속하게 나타나는 경우도 있다. 결국 가치 혁신 기업은 공격을 받으면서도 그들만의 성장과 수익을 만들어낼 것이다. 쉽게 얻기 어려운 고객 기반을 유지하는 과정에서 기업은 종종 공격을 가한다. 하지만 모방 기업은 살아남고, 가치 혁신 기업(강한 의지에도 불구하고)은 경쟁사들을 따돌리기 위해 여전히 경주해야 하는 경우도 있다.

기업은 자칫 시장점유율에 사로잡혀 전통적인 전략의 함정에 빠질 수 있다. 기업이 함정에서 빠져나오는 길을 찾지 못하면, 기업의 가치 곡선의 기본 형태는 경쟁사들의 가치 곡선과 비슷한 형태를 띠기 시작할 것이다.

다른 사례를 살펴보자. 1983년 컴팩이 처음으로 PC를 출시했을 때, 대부분의 PC 구매자들은 기업의 실력 있는 유저들과 열성 기술자들이었다. 그 이전에는 IBM이 산업의 가치 곡선을 정의했다. 그 후 출시된 컴팩의 첫 번째 제품(최초의 IBM 호환 PC)은 완전히 새로운 가치 곡선을 나타냈다. 컴팩의 제품은 기술적으로 뛰어날 뿐만 아니라 가격 면에서도 IBM보다 대략 15퍼센트 정도 저렴했다. 출시하고 3년이 채 지나지 않아 컴팩은 『포춘』 선정 500대 기업에 들었다. 어떤 기업도 이처럼 신속하게 이 같은 성취를 이룬 사례는 없었다.

이에 IBM은 어떤 반응을 보였는가? IBM은 컴팩의 가치 곡선과 겨루어 이기려고 노력했다. 방어를 결심한 컴팩도 IBM을 물리치는 데 주력하게 되었다. 하지만 IBM과 컴팩이 부가적인 기능 제고 문제로 전쟁을 치르는 가운데 구매자들은 가격에 민감해졌다. 이들에게는 최신 기술보다 사용자 친화성이 더 중요했다. IBM과의 경쟁에 집중하다 보니 컴팩은 대부분의 구매자들에게는 지나치게 기술적이고 가격이 비싼 PC라인을 생산하기에 이르렀다. 1980년대 IBM이 벼랑에서 벗어났을 때 컴팩은 바로 뒤를 따라 붙었다.

컴팩은 IBM에 대응해 치열한 경쟁을 벌이는 대신 다른 가치 혁신을 만들어낼 필요성을 예견할 수는 없었을까? 산업의 가치 곡선을 확인했다면 컴팩은 1980년대 중반부터 말까지 IBM과 다른 PC 제조업체의 가치 곡선이 자신들의 가치 곡선과 거의 일치하고 있었다는 사실을 알게 되었을 것이다. 그리고 1980년대 말 가치 곡선은 거의 동일해졌다. 그것은 다른 요소를 통해 새로 도약을 할 때라는 점을 컴팩에게 명백히 알려주는 것이었다.

가치 곡선을 통해 현재의 제품에서 획득할 수 있는 수익이 여전히 크다는 사실이 확인될 경우, 그것은 기업이 혁신을 추구하지 못하게 막을 수 있다. 빠르게 새로 등장하는 산업에서 기업은 장기간에 걸쳐 자사의 성공을 유지할 수 있다. 급진적으로 다른 가치 곡선은 경쟁사로서는 모방하기 어려운 것이다.

그리고 가치 혁신의 결과로 얻게 되는 규모의 강점은 모방이라는 비싼 비용을 치르게 한다. 예를 들어 키네폴리스, 포뮬원, CNN은 장기간에 걸쳐 경쟁사가 없는 지배적 위치를 누려왔다. CNN의 가치 혁신은 거의 10년에 걸쳐 도전을 받지 않았다.

기업들은 단지 새롭다는 이유만으로 새로움을 추구하는 경향이 있다. 기업의 독특한 역량을 이용하거나 최신 기술을 사용하라는 내부적 압력이 그 원인이다. 가치 혁신은 기술이나 역량이 아닌 전례가 없는 가치를 제공하는 것이다. 이는 시장에서 첫 번째가 되는 것과는 다른 의미다.

한 기업의 가치 곡선이 산업의 나머지 기업들의 가치 곡선과 근본적으로 다르고, 그 차이가 대부분의 고객들에 의해 높이 평가받을 경우 경영자들은 혁신에 저항해야 한다. 그보다 기업은 지리적 팽창과 운영 개선에 나서서 높은 규모의 경제와 시장점유율을 성취해야 한다. 이 같은 접근방법은 모방을 억누르고, 기업들로 하여금 현재의 가치 혁신에 담긴 잠재력을 이용하게 만든다.

예를 들어 버트 클레이즈는 빠르게 전진하면서 앤트워프에 메가플렉스 영화관인 메트로폴리스를 열고, 유럽 및 아시아의 다수 국가에 메가플렉스를 열면서 자사의 키네폴리스 개념을 확장시켜왔다. 그리고 아코르는 이미 유럽, 아프리카, 호주에 300개 이상의 포뮬원을 만들었다. 아코르는 현재 아시아 시장을 목표로 삼고 있다.

3가지 기반

우리가 연구한 기업들 중 가치 혁신을 가장 성공적으로 반복한 기업은, 가치 혁신이 일어날 수 있는 3가지 기반, 곧 제품·서비스·유통에서 우위를 나타냈다. 3가지 기반에 대한 정확한 의미는 산업과 기업마다 다르다. 일반적으로 제품 기반은 물리적 자원을 말하며, 서비스 기반은 유지·고객서비스·보증·유통업자 및 소매업자를 위한 지원을 의미한다. 그리고 유통 기반에는 제품을 고객에게 전달하는 데 사용되는 유통경로가 포함되어 있다.

경영자들은 제품 기반에 주력하는 가치 혁신을 만들려 애쓰다 2가지 기반을 무시하는 우를 범하기 쉽다. 이 같은 접근방법은 가치 혁신을 가져올 다수의 기회를 만들어내지 못할 가능성이 높다. 고객과 기술이 변함에 따라 이 3가지 기반은 새로운 가능성들을 제시한다. 뛰어난 농부들이 작물을 윤작하듯이 뛰어난 가치 혁신 기업들은 자신의 가치 기반을 번갈아 사용한다.

컴팩의 성공적인 재기를 가져온 서버 비즈니스의 사례는 이 3가지 기반이 새로운 가치 곡선을 만들기 위해 어떻게 사용되었는지를 자세히 보여준다(그림 8-3 참조). 1989년 말, 컴팩은 5개의 네트워크 운영 시스템(SCO UNIX, OS/2, Vines, NetWare, DOS)을 운영하도록 설계된 자신들의 첫 번째 서버인 시스템프로와 다수의 애플리케이션 프로그램을 출시했다. 시스템프로와 마찬가지로 대부분의 서버는 다수의 운영 시스템 및 애플리케이션 프로그램을 다룰 수 있었다.

그러나 컴팩은 고객들 대부분이 서버 용량의 일부만을 사용한다는 사실을 알게 되었다. 컴팩은 수많은 고객들의 공통적인 니즈를 확인한 후

넷웨어와 파일, 프린트만을 실행하는 최적화되고 단순화된 서버를 구축하기로 결정했다. 1992년에 출시된 프로시그니아는 제품 플랫폼에 기반한 가치 혁신의 결과였다. 이 새로운 서버 가격은 기존 제품의 3분의 1이지만, 시스템프로의 파일과 프린트 성능은 2배나 뛰어난 성능을 구매자들에게 제공했다. 컴팩은 일반적인 애플리케이션 호환성을 줄임(상당히 낮은 제조비용으로 전환되는)으로써 가치 혁신을 성취했다.

경쟁사들이 산업에서 차지하는 프로시그니아의 가치 곡선을 모방하려 함에 따라 컴팩은 다시 한 번 도약하는 발판을 마련했다. 이번에는 서비스 기반에서의 도약이었다. 자사의 서버를 독립형이 아닌 고객의 전체적인 컴퓨터 필요성의 요인으로 보면서 컴팩은 고객 비용의 90퍼센트가 네트워크 서비스에 지불되고, 오직 10퍼센트만이 서버 하드웨어에 지불된다는 사실을 알게 되었다. 산업 내의 다른 기업들과 마찬가지로 컴팩은 구매자들의 최소 비용 요소인 서버 하드웨어의 가격 대비 성능을 극대화하는 데 주력해왔다.

2개의 혁신적인 소프트웨어를 통합한 서버인 프로리안트 1000을 만들기 위해 컴팩은 자원을 전환했다. 첫 번째 소프트웨어인 스마트스타트는 기업의 운영 시스템 및 애플리케이션 프로그램을 적합하게 실행하기 위해 서버 하드웨어와 네트워크 정보를 설정한다. 이는 고객이 서버 네트워크를 설정하는 시간을 줄이고 설치상의 오류를 없애고 서버가 매일 신뢰성 있게 운영되도록 한다. 두 번째 소프트웨어인 인사이트 매니저는 과열된 보드나 잘못된 디스크 드라이브를 고장 나기 전에 알아냄으로써 고객이 서버 네트워크를 보다 쉽게 관리하게 해준다.

서비스 기반을 혁신함으로써 컴팩은 뛰어난 가치 곡선을 만들었고, 시장을 확장했다. IT 전문가들이 부족한 기업들은 네트워크 서버를 설정하

그림 8-3 컴팩은 어떻게 서버 산업의 정상을 유지할 수 있었는가?

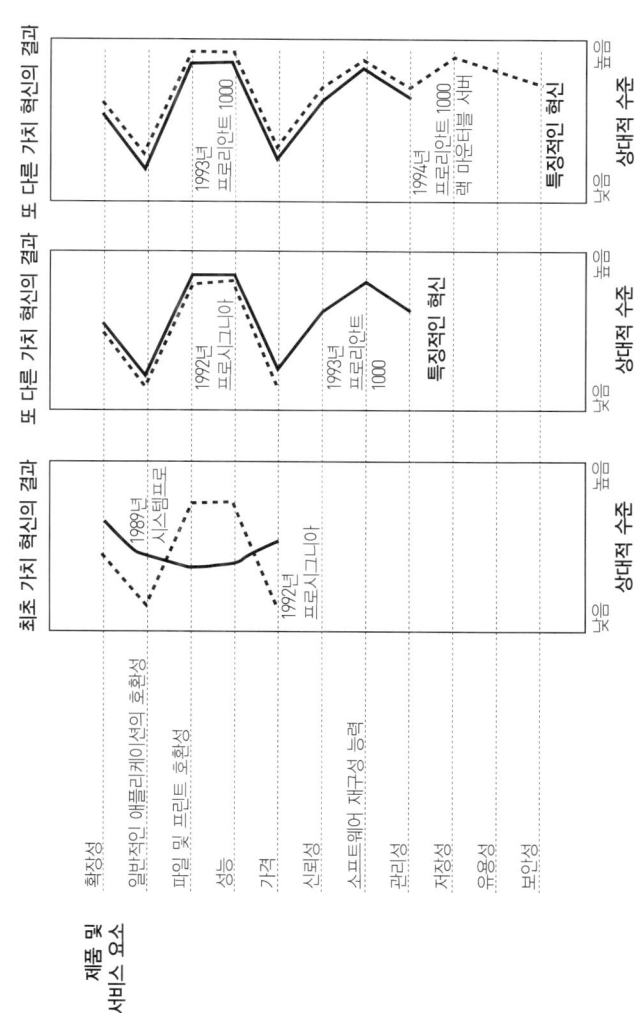

매출과 수익을 모두 실현하는 전략적 사고

고 관리하는 기업의 능력에 대해 회의적이었다. 그런데 스마트스타트와 인사이트 매니저 덕분에 이 기업들은 컴퓨터를 보다 쉽게 운영할 수 있게 되었다. 프로리안트 1000은 결국 시장에서 승자가 되었다.

　보다 많은 기업들이 이 서버를 갖추게 되면서 컴팩은 고객들이 장비를 적절하게 보관할 공간이 부족하다는 사실을 파악했다. 사람들이 장비를 벽장에 집어넣거나 얽힌 전선들과 함께 바닥에 내려놓아서 고가의 서버가 종종 손상을 입는 등 안전하지 않았고, 서비스에 문제가 생기기도 했다.

　컴팩은 경쟁사들이 아닌 고객 가치에 주력함으로써 제품 기반에서 다른 가치 혁신을 실현할 시기라는 사실을 깨달았다. 컴팩은 기업의 사무실 중앙에 위치해 있는 높고 가느다란 캐비닛 안에 서버들을 보관할 수 있는 프로리안트 1000 랙 마운터블 서버를 출시했다. 이 서버는 공간을 보다 효율적으로 이용하고, 장비를 확실하게 보호하며, 보수와 개선을 보다 용이하게 해주었다. 컴팩은 자사 제품은 물론 타사 제품에도 적합한 랙을 설계하여 보다 많은 고객들을 끌어들였을 뿐만 아니라 경쟁사들의 모방을 포기하게 했다. 컴팩의 새로운 가치 곡선이 산업의 표준에서 벗어남에 따라 컴팩의 판매와 수익은 다시 증가했다.

　컴팩은 이제 고객의 주문과 장비의 도착시간 간의 리드타임을 급감시킬 가치 혁신을 위해 유통 기반을 자세히 살피고 있다. 장시간 소요되는 리드타임으로 인해 고객들은 주문한 장비가 도착할 때까지 임시 해결책을 찾느라 소요되는 비용을 감수하는 경우도 있었다. 서버가 폭넓게 이용되고, 서버에 대한 수요가 급속히 증가함에 따라 컴팩은 리드타임을 줄이는 일이 고객에게 높은 가치를 제공하는 것이라는 사실을 파악했다. 현재 컴팩은 고객의 주문서에 따라 제품을 만들고, 이를 48시간 이내에 배송

할 수 있는 유통 시스템을 연구하고 있다. 이러한 가치 혁신에 힘입어 컴팩은 재고비용을 줄이고, 구형 제품의 재고를 최소화하고 있다.

이렇게 3가지 기반의 가치 혁신을 성취함으로써 컴팩은 자신들의 가치 곡선과 다른 기업 간의 격차를 유지할 수 있었다. 서버 업계 특유의 **빠른** 경쟁에도 불구하고 컴팩은 반복적인 가치 혁신을 통해 세계 최고의 서버 제조업체의 지위를 유지하고 있다. 컴팩은 흑자 전환 이후 판매와 수익이 거의 4배나 증가했다.

기업의 고성장 추구

우리의 연구에서 가장 놀라운 사실은 기업의 전략이 그 영향력에 비해 논리가 명확하지 않다는 사실이다. 기업들이 그들의 전략을 분명히 밝히지 않고 검토하지도 않기 때문에 산업 전반에 걸친 일관성 있는 전략이 비즈니스 전체에 적용되지 않는 경우가 많다.

이럴 때 경영자들은 가치 혁신을 어떻게 촉진할 수 있는가? 먼저 그들은 기업의 지배적인 전략을 확인하고 이를 분명히 표현해야 한다. 그런 다음 그러한 전략을 문제 삼아야 한다. 산업의 추정, 기업의 전략적 집중, 그리고 접근방법(고객, 자산, 역량, 제품 및 서비스 제공)을 재고해야 한다. 가치 혁신을 중심으로 기업의 전략을 재구성하면서 고위경영진은 이러한 사고를 새로운 가치 곡선으로 전환하기 위해 다음과 같은 4가지 질문을 해야 한다.

첫째, 우리 산업이 당연한 것으로 받아들이는 요소들 가운데 어떤 것을 없애야 하는가? 둘째, 산업의 표준 이하로 줄여야 하는 요소는 어떤 것인가? 셋째, 산업의 표준 이상으로 높여야 할 요소는 어떤 것인가? 넷째, 산업이 한 번도 제공하지 않은 것 중 꼭 만들어야 할 요소는 어떤 것인가? 한두 가지 질문으로 끝내기보다는 4가지 모두를 질문하는 것이 수익 성장에 필요하다. 가치 혁신은 구매자에게는 매우 뛰어난 가치를, 그리고 기업에는 매우 저렴한 비용을 동시에 추구하는 것이기 때문이다.

대기업의 경영자들인 경우, 가치 혁신 전략은 비즈니스 포트폴리오 전체에 걸쳐 가장 현실성 있는 성장 잠재력을 확인하는 데 사용될 수 있다. 우리가 연구한 가치 혁신 기업들은 새로운 기술을 개발하는 것뿐만 아니라 하나같이 고객에게 새로운 가치를 제공했다. 그들은 산업의 선구적인 개척자들이었다. '개척자'라는 의미를 확장하면 현재나 미래의 비즈니스 성장 잠재력에 유익한 방법을 제공하는 비즈니스라고 할 수 있다.

기업의 개척비즈니스는 전례 없는 가치를 제공하는 비즈니스들이다. 이들은 가장 강력한 수익 성장의 원천이다. 다른 극단에 있는 정착비즈니스(산업 가치 곡선의 기본 형태를 준수하는 가치 곡선을 가지고 있는 비즈니스들)는 일반적으로 기업의 성장에 기여하지 않는다. 이동비즈니스의 잠재력은 이 두 극단 사이에 있다. 이동비즈니스는 고객에게 더 적은 비용을 들여 보다 많은 것을 제공함으로써 산업의 가치 곡선을 확장하지만, 그것의 기본 형태를 변경하지는 못한다.

성장을 추구하는 경영진에게 유익한 훈련은 기업의 현재 및 미래 포트폴리오를 개척비즈니스–이동비즈니스–정착비즈니스 맵에 그려보는 것이다(그림 8-4 참조). 현재 포트폴리오와 계획된 제공물이 주로 정착비즈니스들로 구성되어 있으면 기업은 낮은 성장 궤도를 가지게 되며, 따라서 가치 혁신을 위해 더욱 노력해야 한다. 이때 기업은 경쟁이라는 함정에 떨어지게 될지도 모른다. 현재 계획된 제공물이 상당히 많은 이동비즈니

그림 8-4 비즈니스 포트폴리오의 성장 잠재력 실험

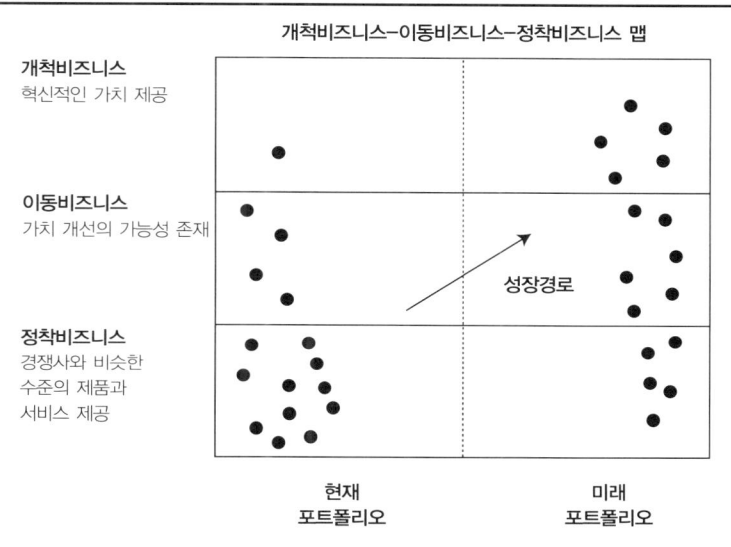

　스로 구성되어 있다면 적당한 성장을 예상할 수 있다. 하지만 기업은 성장을 위해 잠재력을 이용하지 않고, 가치 혁신 기업에 의해 과소평가되고 있는 위험을 이용하지도 않는다.

　비즈니스 포트폴리오의 성장 잠재력 실험은 현재의 성과 수치 이상을 보기를 원하는 경영자들에게 특히 가치 있다. 매출, 수익성, 시장점유율, 고객 만족도는 모두 기업의 현재 위치에 대한 척도이다. 이러한 척도는 미래로 가는 길을 제시해주지는 못한다.

　개척비즈니스-이동비즈니스-정착비즈니스에 따라 기업은 미래의 성장과 수익을 예측하고 계획할 수 있다. 이러한 예측은 특히 급하게 변화하는 경제 환경에서 어렵지만 매우 중요하다고 할 것이다.

:: 고성장의 근본 살피기

지난 5년에 걸쳐 우리는 전 세계의 30개 산업과 그 산업에 속해 있는 30개 이상의 기업을 연구해왔다. 우리는 매출과 수익에서 고성장을 실현한 기업들과 성공적인 성과 기록이 별로 없는 기업들을 자세히 살폈다. 두 그룹의 기업들이 나타낸 성과 차이점을 설명하기 위해 우리는 수백 명의 경영진과 분석가, 그리고 연구원들과 인터뷰했다. 우리는 전략적·조직적·성과 프로파일을 구축했다. 뿐만 아니라 산업 패턴과 조직 패턴에 대해서도 자세히 살폈다.

또한 우리는 기업의 성장 잠재력과 관련이 있는 것으로 여겨지는 여러 차원에서도 두 그룹에 속해 있는 기업들을 비교 분석했다. 민간 기업은 공기업보다 빠른 성장을 보이는가? 신생 기업들은 기존의 기업들보다 우위를 가지는가? 창조적이고 젊고 급진적인 사람들이 이끄는 기업들은 나이 든 경영자들이 운영하는 기업들보다 신속하게 성장할 가능성이 있는가?

우리는 어떤 요인도 일관되게 중요하지는 않다는 사실을 알게 되었다. 중소기업도 대기업도 고성장을 실현했으며, 첨단기술을 가진 기업도 그렇지 못한 기업도 고성장을 실현했다. 또 새로운 진입 기업도 기존 기업도, 민간 기업도 공기업도, 나아가 다양한 국가의 다양한 기업들도 고성장을 실현했다.

문제되는 것은 두 그룹에 있는 기업의 경영자들이 전략에 대해서 생각하는 방식이었다. 인터뷰를 하는 가운데 우리는 경영자들에게 그들의 전략적 움직임과 그런 움직임의 이면에 있는 사고에 대해 설명해달라고 요청했다. 따라서 우리는 전략에 대한 그들의 관점을 이해하게 되었다. 이는 산업 추정, 전략적 집중, 고객, 자산 및 역량, 그리고 제품 및 서비스 제공에 대한 5가지 전략 요소를 말한다. 우리는 이 같은 인터뷰의 내용을 분석하는 동안 새롭게 나타난 사실에 놀랐다.

속해 있는 산업에 관계없이 고성장을 실현한 기업의 경영자들은 하나같이 우리가 '가치 혁신 전략'이라고 부르는 내용에 대해 설명했다. 덜 성공한 기업의 경영자들은 하나같이 '전통적인 전략'에 따라 사고했다.

이 같은 발견에 호기심이 발동한 우리는 계속해서 주시한 결과, 고성장 기업의 경영자들이 가치 혁신의 전략적 사고를 시장의 비즈니스에 응용하고 있다는 사실을 발견했다.

나아가 100개 정도에 이르는 기업의 비즈니스 출범을 다룬 연구에서 우리는 가치 혁신이 매출과 이익에서 기업의 성장에 미치는 영향을 정량화할 수 있었다. 새로 시작한 사업의 86퍼센트가 라인 확대(즉 점진적 개선)라고는 하더라도, 이는 총매출의 62퍼센트와 총수익의 39퍼센트를 차지했다. 나머지(진정한 가치 혁신) 14퍼센트는 총매출의 38퍼센트와 총수익의 61퍼센트를 차지했다.

:: 전통적인 전략에 대항한 버진애틀랜틱항공

1984년 퍼스트 클래스를 없애는 것으로 산업의 전통적인 전략에 도전했을 때, 버진애틀랜틱항공은 가치 혁신 전략을 따르고 있었다. 산업의 수익성이 있는 매출의 대부분은 퍼스트 클래스가 아닌 비즈니스 클래스에서 나왔다. 퍼스트 클래스는 엄청난 비용이 소요될 뿐이었다. 버진애틀랜틱항공은 이러한 기회를 포착했다. 그들은 퍼스트 클래스 서비스를 없앰으로써 절감한 비용을 비즈니스 클래스 승객을 위한 가치 혁신으로 전환하기로 결정했다.

먼저 버진애틀랜틱항공은 비즈니스 클래스 좌석에 대해 산업의 표준을 능가하는 편안함을 제공하기 위해 누울 수 있는 취침용 대형 좌석을 도입했다. 둘째, 교통체증이 심한 시내에서 공항까지 빠르게 이동할 수 있도록 고객에게 무료 수송수단을 제공했다. 처음에는 운전사가 있는 리무진을, 나중에는 특별히 고안된 '리모바이크'라는 오토바이를 제공했다.

제품 및 서비스 기반에 대한 이 같은 혁신으로 버진애틀랜틱항공은 산업의 비즈니스 클래스 고객들뿐만 아니라 다른 항공사의 이코노미 클래스의 일부 고객과 퍼스트 클래스 승객들까지 유인했다. 이러한 가치 혁신에 힘입어 버진애틀랜틱항공은 오랫동안 다른 항공사들과는 차별화된 수익을 올렸지만 경쟁은 다시 치열해졌다. 일부 항공사들의 가치 곡선이 그들의 가치 곡선과 유사해졌기 때문이다. 그러자 그들은 이번에는 서비스 기반의 도약을 시도했다.

버진애틀랜틱항공은 대부분의 비즈니스 클래스 승객들이 비행 이전과 비행 이후의 시간을 생산적으로 사용하기를 원한다는 사실을 알아냈다. 그리고 장거리 비행 후에 승객들이 미팅 장소로 가기 전에 주름진 옷을 갈아입거나 기분을 새롭게 하기를 원한다는 사실을 관찰했다. 이에 따라 버진애틀랜틱항공은 승객들이 샤워하고, 옷을 다릴 수 있고, 마사지를 즐길 수 있으며, 첨단 사무실 집기를 이용할 수 있는 라운지를 설계했다. 이 서비스가 시행됨에 따라 바쁜 승객들은 그들의 자투리 시간을 활용할 수 있게 되었고, 호텔에 머무르지 않고 곧바로 미팅 장소로 갈 수 있게 되었다. 이는 버진애틀랜틱항공에 상당한 매출을 올려주고 고객을 위해서도 매우 값진 가치 혁신이 되었다. 이 항공사는 직원 1인당 최고의 매출을 올리는 기업으로, 고객의 1마일당 비용은 가장 낮은 기업으로 꼽힌다. 이처럼 가치 혁신의 경제학은 긍정적이고 강한 효과를 내는 사이클을 만들어낸다.

버진애틀랜틱항공이 산업의 추정에 처음 도전했을 때, 처음 그들의 아이디어는 상당한 회의주의에 직면해야 했다. 이 같은 통념을 깨고 성장하려면 기업은 보다 크고 많은 세분화된 시장을 주시해야 한다. 그들은 퍼스트 클래스 승객들이 만들어내는 매출에서 매우 신중하게 벗어났다. 이는 비즈니스를 고객 솔루션 관점에서 생각함으로써 일반적인 통념을 거부한 것이다. 이 항공사는 가치 혁신 전략을 항공 산업뿐만 아니라 보험·음악·오락 소매부문에도 적용했다. 버진애틀랜틱항공은 항상 기존의 자산과 역량을 이용하는 것 이상을 실현해왔다. 이것이 바로 지속적인 가치 혁신이다.

| 출처 |

1장 Paul Hemp, "A Time for Growth: An Interview with Amgen CEO Kevin Sharer", *Harvard Business Review*, July-August 2004.

2장 Gary Hamel and Gary Getz, "Funding Growth in an Age of Austerity", *Harvard Business Review*, July-August 2004.

3장 Geoffrey A. Moore, "Darwin and the Demon: Innovating Within Established Enterprises", *Harvard Business Review*, July-August 2004.

4장 Paul F. Nunes, Brian A. Johnson, and R. Timothy S. Breene, "Selling to the Moneyed Masses", *Harvard Business Review*, July-August 2004.

5장 Jeffrey H. Dyer, Prashant Kale, and Harbir Singh, "When to Ally and When to Acquire", *Harvard Business Review*, July-August 2004.

6장 Jacquelyn S. Thomas, Werner Reinartz, and V. Kumar, "Getting the Most out of All Your Customers", *Harvard Business Review*, July-August 2004.

7장 Kenneth W. Freeman, George Nolen, John Tyson, Kenneth D. Lewis, and Robert Greifeld, with an introduction by Ranjay Gulati, "How CEOs Manage Growth Agendas", *Harvard Business Review*, July-August 2004.

8장 W. Chan Kim and Ren?e Mauborgne, "Value Innovation: The Strategic Logic of High Growth", *Harvard Business Review*, July-August 2004.

| 주석 |

6장

1) Werner Reinartz, Jacquelyn Thomas, and V. Kumar, "Balancing Acquisition and Retention Resources to Maximize Customer Profitability", Insead working paper no. 2004/28/MKT(2004).

옮긴이 **임정재**

경희대학교 영문학과를 졸업하고 인하대학교 대학원에서 국문학을 전공했다. 현재 출판번역전문가로 활동하고 있다. 역서로는 『짐 콜린스의 경영 전략』『사람을 얻는 기술』『세상을 바꾸는 문화 창조자들』『중국과 세계경제』 등이 있다.

KI신서 1939
하버드비즈니스클래식

수익 창출의 원리

1판 1쇄 인쇄 2008년 12월 19일
1판 1쇄 발행 2009년 1월 2일

지은이 게리 하멜 외 **옮긴이** 임정재 **펴낸이** 김영곤 **펴낸곳** (주)북이십일 21세기북스
기획 엄영희 **편집** 윤영림 **디자인** 네오북 **마케팅** 주명석 **영업** 최창규 이종률 서재필
출판등록 2000년 5월 6일 제10-1965호
주소 (우413-756) 경기도 파주시 교하읍 문발리 파주출판단지 518-3
대표전화 031-955-2100 **팩스** 031-955-2151 **이메일** book21@book21.co.kr
홈페이지 www.book21.co.kr **커뮤니티** cafe.naver.com/21cbook

값은 뒤표지에 있습니다.
ISBN 978-89-509-1652-7 13320
ISBN 978-89-509-1670-1 13320(세트)

이 책 내용의 일부 또는 전부를 재사용하려면 반드시 (주)북이십일의 동의를 얻어야 합니다.
잘못 만들어진 책은 구입하신 서점에서 교환해 드립니다.